Reinhard Kreissl
Die ewige Zweite

Reinhard Kreissl

Die ewige Zweite

Warum die Macht den Frauen immer eine Nasenlänge voraus ist

Droemer

Besuchen Sie uns im Internet:
www.droemer-knaur.de

Die Folie des Schutzumschlags sowie die Einschweißfolie sind PE-Folien und biologisch abbaubar.
Dieses Buch wurde auf chlor- und säurefreiem Papier gedruckt.

Redaktion: Annette Seybold-Krüger
Umschlaggestaltung: Büro Jorge Schmidt, München
Satz: Ventura Publisher im Verlag
Druck und Bindung: Clausen & Bosse, Leck
Printed in Germany
ISBN 3-426-27205-9

2 4 5 3 1

Inhalt

Gewidmet all denen,
die der Macht ins Gesicht lachen.

Vorwort

Börsenpanik an der Wall Street. Die Kameras der Fernsehstationen schwenken über das Parkett. Ein Ameisenhaufen von Weißhemden, die aufgeregt hin und her rennen. Von ihren Entscheidungen in den nächsten zehn Minuten hängt das Wohl der Weltwirtschaft ab. Milliarden Dollar können in Sekundenschnelle vernichtet werden, Tausende ihren Arbeitsplatz oder ihr Vermögen verlieren. Nirgendwo ist die Macht greifbarer und konzentrierter als in dieser Kathedrale des Turbokapitalismus. Hier wird sichtbar und deutlich, was Globalisierung heißt. Hier können nicht nur große Unternehmen, sondern ganze Staaten in den Bankrott getrieben werden. Wenn die Welt ein Schicksal hat, dann wird es hier entschieden. Doch im Gegensatz zum Mythos des klassischen Altertums liegt dieses Schicksal nicht mehr in den Händen der Göttinnen. Hier handeln ausschließlich und exklusiv, Männer. Im Gewimmel der aufgeregten Aktienhändler ist mit bloßem Auge keine Frau zu erkennen, kein Farbfleck stört die männliche Monotonie der Macht. Zufall oder Absicht, Strategie oder natürliche Folge der Geschlechterdifferenz?

Was sichert die Exklusivität solcher Männerrunden? Sind sie überhaupt noch so exklusiv oder erodiert die Exklusivität doch? Bleibt sie stabil, sind Frauen allmählich auf dem Vormarsch, oder werden sie ausgebremst, benachteiligt, ausgeschlossen? Die Eindrücke sind widersprüchlich. Zwar sieht es so aus, als ob Frauen allmählich die Topetagen der Wirtschaft eroberten. Aber entsteht dieser Eindruck vielleicht nur deswegen, weil erfolgreiche weibliche Führungskräfte so selten sind, daß ihr Erscheinen sofort

Anlaß für eine Schlagzeile gibt? Als Carleton Fiorina im Sommer 1999 die Leitung des Computerherstellers Hewlett-Packard übernahm, wurde diese Nachricht weltweit von allen Medien als große Neuigkeit verbreitet. Frauen sind in diesen Etagen immer noch so selten wie weiße Raben. Und was bedeuten derartige Karrieren im Hinblick auf eine Öffnung der männlich dominierten Bereiche unserer Gesellschaft? Sind die wenigen in klassischen Männerdomänen erfolgreichen Frauen vielleicht nur deswegen so erfolgreich, weil sie eigentlich die besseren Männer sind, weil sie die männliche Werteskala von Konkurrenz, Durchsetzungsfähigkeit und Egoismus perfekt verinnerlicht haben? Sind Margaret Thatcher oder Birgit Breuel Vorboten einer Feminisierung von Wirtschaft und Politik oder sind sie einfach nur tough guys, Frauen in der Rolle der harten Jungs? Auf den ersten Blick sieht es so aus, als bekäme die männlich dominierte Welt lediglich einen dekorativen Goldrand aus Vorzeigedamen und Quotenfrauen.
Aber es gibt auch stabile und langfristige Entwicklungen. Der Anteil der Frauen an den Universitäten, im mittleren Management der Unternehmen und in der Politik nimmt seit Jahren kontinuierlich zu. Frauen sind statistisch gesehen auf dem Vormarsch. Findet hier also nicht doch eine allmähliche Veränderung statt, die das Ungleichgewicht der Geschlechter verändert und zu einer Gleichberechtigung auch in der Machtverteilung führt? Es gibt gute Gründe, dies zu bezweifeln. Die Entwicklung der Zahlen in der Statistik ist eine Sache, die gesellschaftliche Machtordnung eine andere. Wo immer Frauen in nennenswertem Maße Einfluß und Gewicht gewinnen, dort zieht sich die Macht zurück. Ein steigender Frauenanteil ist der beste Beleg für sinkende Bedeutung. Das gilt für die Bereiche der Politik, der Bildung, aber auch für so manche Berufe. Als

wirkte im Hintergrund die List einer – männlichen? – Vernunft, löst sich die Macht auf, wenn Frauen sie übernehmen. Was das für Männer und Frauen bedeutet, davon handelt dieses Buch.

Es handelt von Frauen, Männern und Macht. Es beschreitet dabei einen Weg, der von der Beschreibung des alltäglichen Geschlechterkampfs abweicht. Es gibt eine Unzahl von Büchern, die sich mit der Konfrontation zwischen Männern und Frauen beschäftigen, die dabei entstehenden Probleme behandeln, analysieren und kritisieren. Das Ergebnis ist in allen Fällen gleich: Frauen sind benachteiligt, diese Benachteiligung ist tief verwurzelt, und sie ist nicht zu rechtfertigen. Bestenfalls erhalten die Leserinnen am Ende noch ein paar Ratschläge mit auf den Weg, wie sie sich zur Wehr setzen sollen. Ganze Bibliotheken lassen sich füllen mit der entsprechenden Ratgeberliteratur, die sich an Frauen richtet mit dem Versprechen, ihnen den sicheren Weg zum Erfolg zu weisen. Die wohlfeile Diagnose der weiblichen Benachteiligung ist nicht verkehrt, sie trifft möglicherweise bei einer Reihe von Frauen, insbesondere bei denjenigen, die selbst in der Frauenbewegung aktiv waren, auf Zustimmung. Aber was folgt aus dieser Einsicht? Was hilft den Frauen die Erkenntnis, in allen wichtigen Bereichen der Gesellschaft benachteiligt zu sein? Der Verweis auf die Benachteiligung hilft weder, das Problem zu verstehen, noch zeigt er realistisch gangbare Wege, diese Mißverhältnisse zu ändern.

Man kann sich über Benachteiligung und Unterdrückung ganz allgemein beschweren, aber wer ist letztlich der Adressat einer solchen Beschwerde? Man kann auch versuchen, dies zu ändern, aber wie soll das gehen aus einer Position der offensichtlichen und selbst eingestandenen Machtlosigkeit heraus? Die traditionelle feministische Kritik an den herrschenden, männlichen Verhältnissen verheddert sich schnell in solchen Widersprüchen. Das läßt sich insbesondere an den politischen Kontroversen zeigen, die von der Frauenbewegung losgetreten wurden. Wie oft sind die Aktivistinnen mit ihren Forderungen im Abseits gelandet! Wenn sie erfolgreich waren, dann muß das nicht unbedingt heißen, daß ihre Forderungen und Aktionen die Ursache dafür waren.

Erfolgreich und produktiv war die feministische Wende sicherlich in den abstrakten Gefilden der Theorie, in den Gedankengebäuden der akademischen Elfenbeintürme, wo der eingeschränkte männliche Blick auf die Welt durch die Forschungen von Historikerinnen und Philosophinnen, durch die Arbeiten von Psychologinnen und Soziologinnen wesentlich erweitert wurde. Aber weitgehend negativ fällt nach wie vor die Bilanz der praktischen Veränderungen aus – auch und gerade aus der kritischen Sicht derjenigen, die sie vorantreiben wollen. Denn bei genauerem Hinsehen zeigt sich, daß die scheinbaren Erfolge, die sich in einer Zunahme des Frauenanteils ausdrücken, an den Verhältnissen zwischen den Geschlechtern nichts Wesentliches verändert haben.

Oberflächlich sieht es so aus, als hätten Frauen einiges erreicht. Es gibt inzwischen auch viele Autorinnen, die eher einen optimistischen Ton anschlagen. Frauen seien auf dem Weg zu einer den Männern gleichberechtigten Existenz. Dieser neuerdings erhobene optimistische Ton kann auf ebenso viele Belege verweisen wie die traditionelle feministische Kritik an den herrschenden, das heißt patriarchalischen Verhältnissen. Die Lage erscheint zunächst unübersichtlich: Weder kann man leugnen, daß Frauen von Männern unterdrückt, durch Männer benachteiligt werden, noch daß die Frauenbewegung einige Erfolge zu ver-

buchen hat. Zweifellos ändern sich die Verhältnisse zugunsten der Frauen, und im großen und ganzen leben Frauen heute unter besseren Bedingungen, haben Frauen heute mehr Chancen und Möglichkeiten als vor fünfzig oder hundert Jahren. Doch die Frage, ob die Frauenbewegung, die feministischen Emanzipationsbestrebungen erfolgreich waren oder nicht, läßt sich durch das Aufrechnen von Frauenanteilen nur bedingt beantworten. Zudem hängt die Antwort auf diese Frage ganz erheblich vom historischen Horizont ab, in dem man die Entwicklungen betrachtet. Im abgeklärten Blick über die Jahrhunderte läßt sich eine kontinuierliche Bewegung erkennen, die als Erfolgskurve gedeutet werden kann. Fokussiert man die Optik auf die einzelnen Epochen oder die unmittelbare Gegenwart, wird das Bild feinkörniger und vielschichtiger. Die letzten dreißig Jahre waren in den westlichen Industriegesellschaften geprägt von einer sehr aktiven Frauenbewegung, die zu vielen gesellschaftlichen Veränderungen geführt hat. Aber irgendwie hat sich die Bewegung zuerst heiß- und dann totgelaufen. Möglicherweise ist sogar die ganze Debatte, die der Feminismus losgetreten hat, heute dabei, obsolet zu werden, und es tun sich neue Fronten auf, an denen sich Auseinandersetzungen um die Frage nach der Verteilung der Macht in unserer Gesellschaft entzünden werden.
Die Verhältnisse sind komplizierter, als es in der einfachen Konfrontation Männer gegen/statt/und/oder Frauen erscheint. Frauen haben viel erreicht, die Frauenbewegung war und ist eine der erfolgreichsten sozialen Bewegungen unseres Jahrhunderts. Frauen sind umworben von Medien und Markt, von Politik und Wirtschaft. Aber wenn es um die Machtverhältnisse in der Gesellschaft geht, dann ist es scheinbar wie mit dem Hasen und dem Igel. Wo immer es Frauen gelingt, eine gesellschaftliche Position zu erobern,

sich formale Rechte zu sichern, Ansprüche in bisher männlich dominierten Bereichen durchzusetzen, dort verliert das Terrain, das sie erobert haben, an Wert. Die Macht wandert aus, wenn Frauen die Macht übernehmen. Die Siege der Frauenbewegung, so die These dieses Buches, sind Pyrrhussiege. Zugespitzt könnte man sagen: Die Feminisierung eines gesellschaftlichen Bereiches ist der sichere Hinweis dafür, daß dieser Bereich an Bedeutung, Prestige und Macht verliert. Daß dem so ist, läßt sich an einer Vielzahl von Beispielen belegen. Es wird besonders deutlich, wenn man größere historische Zeiträume und gesellschaftliche Veränderungen berücksichtigt. Warum dem so ist, das ist eine der wichtigsten Fragen, für die dieses Buch eine Antwort sucht. Bei der Beantwortung dieser Frage werden wir uns auch mit der Beschaffenheit männlicher Machtstrukturen auseinandersetzen und den einen oder anderen Ausflug in die Gefilde der Philosophie machen.

Was ist Macht, wie sind Machtverhältnisse beschaffen und lassen sie sich überhaupt entlang der Differenz von Männern und Frauen begreifen und erklären? Wer besitzt Macht, wie funktioniert sie? Man kann die Macht in den ökonomischen Verhältnissen suchen oder versuchen, sie in den verwinkelten Gängen der unpersönlichen Bürokratien des modernen Staates aufzuspüren. Man kann sie auf Gewalt reduzieren und mit physischer Überlegenheit gleichsetzen. Man kann alldem aber auch die Leitdifferenz »Männer versus Frauen« überstülpen und Machtverhältnisse mit Geschlechterverhältnissen gleichsetzen. Wirtschaft und Staat werden dann im wesentlichen als männlich dominierte Bereiche wahrgenommen, »die« Macht wird wesentlich und letztlich männlich. Eine Kritik der Geschlechterverhältnisse ist dann zugleich eine Kritik ungerechtfertigter Macht. Mit dieser Gleichsetzung von Macht- und Geschlechterverhältnissen, wie sie feministische Autorinnen vornehmen, wird die Diskussion kurzgeschlossen, und der Blick verengt sich. Männer üben Macht über Frauen aus, und um das zu ändern, müßten die Verhältnisse zwischen den Geschlechtern verändert werden. Ändert man die Geschlechterverhältnisse, so ändern sich die Machtverhältnisse. Diese These ist aus mehreren Gründen nicht richtig. Ein simpler Rollentausch, der aus Chefs Chefinnen machte und aus Sekretärinnen Sekretäre, könnte die Machtverhältnisse umkehren, aber nichts an ihrer Beschaffenheit ändern. Auch die paritätische Besetzung von Machtpositionen würde die Machtverhältnisse selbst nicht in Frage stellen, und die Forderung, Hausfrauen durch Hausmänner zu ersetzen, reduziert das Verhältnis von Männern und Frauen auf den alltäglichen Machtkampf um Küche und Kinder, der nach wie vor in vielen Fällen zugunsten der Männer auszugehen scheint. Aber der Blick auf dieses Schlachtfeld des privaten Beziehungslebens zeigt nur die halbe Wahrheit.

Natürlich ist es durchaus legitim und interessant, wenn man den Blick auf einzelne Personen richtet, wenn man fragt, wie es diese oder jene Frau, wie Hildegard von Bingen oder Hillary Clinton es geschafft haben, eine machtvolle Position zu erreichen und Anerkennung zu finden. Aber damit erfährt man in aller Regel nicht viel über die komplizierten Zusammenhänge von Macht- und Geschlechterverhältnissen. Die klassische Ratgeberliteratur, die Frauen entsprechende Rollenmodelle empfiehlt, nach dem Motto: Zu Macht und Anerkennung in zehn Schritten, ist ein Versuch, innerhalb der männlich geprägten Machtverhältnisse eine Orientierung zu finden. Sie macht diese Verhältnisse aber nicht durchsichtig. Befreit man sich von der Mikroperspektive des Alltags der Auseinandersetzung zwischen Männern und Frauen, so wird eine andere Entwicklungslinie sichtbar. Man sieht dann, daß sich nicht nur die Verhältnisse zwischen Männern und Frauen, sondern auch die gesellschaftlichen Verhältnisse, unter denen Männer und Frauen leben müssen, ändern. Auch wenn es auf den ersten Blick nicht so aussehen mag: Die Folgen der Globalisierung treffen Männer und Frauen gleichermaßen, das Heraufziehen der Informationsgesellschaft, die Erosion kultureller Traditionen, das Ende der traditionellen Arbeitsgesellschaft, die Krise des Sozialstaats, des Bildungssystems, das Verschwinden vertrauter Gewißheiten, Lebensformen und Zukunftsperspektiven verändert auch die Konfrontationslinie zwischen Männern und Frauen.

Stellt man diese Veränderungen in Rechnung, so entsteht ein schillerndes Bild. Was immer Frauen erreicht haben, es hat an der grundsätzlichen Asymmetrie der Macht zwischen den Geschlechtern nicht viel geändert. Nach wie vor sind es die Männer, die in den zentralen Bereichen der Gesellschaft den Ton angeben. Das ist irritierend. Ist die Macht vielleicht doch männlich? Und wenn ja, warum?

Die Idee zu diesem Buch entstand aus einem Artikel, den ich vor ein paar Jahren für eine Zeitung schrieb. Als ich mich intensiver mit diesem Thema beschäftigte und meinen Freunden beiderlei Geschlechts davon erzählte, erntete ich sehr verschiedene Reaktionen. Ein guter Freund riet mir, als Mann die Finger davon zu lassen, ein anderer gab mir den wohlmeinenden Ratschlag, nach der Publikation auszuwandern. Manche Reaktionen, die ich von Frauen erhielt, schienen diese Ratschläge zu bestätigen. Wenn ich behaupten würde, die Siege der Frauen im Kampf gegen die männliche Vorherrschaft seien kein Erfolg, sondern die Macht verschwinde, wenn Frauen sie zu übernehmen versuchten, dann sei das ein perfides Argument, das der Frauenbewegung in den Rücken fiele und deren unbestrittene Erfolge nur schlechtmachen wolle. Zudem sei ein männlicher Autor in dieser Auseinandersetzung offensichtlich zu parteilich, um darüber sinnvoll etwas schreiben zu können. Der Hinweis, daß es dann wohl eines dritten Geschlechts bedürfe, um unvoreingenommen zu argumentieren, stieß auf wenig Verständnis. Andere Frauen reagierten eher nachdenklich. Es sei etwas dran an der These – leider. Die historisch doch erheblichen Erfolge der Frauen hätten letztlich an den eigentlichen Machtverhältnissen trotz Quotenregelung, Frauenbeauftragten, steigenden Frauenanteilen und gesetzlichen Diskriminierungsverboten nichts geändert.

Diese sehr verschiedenen und teilweise sehr emotionalen Reaktionen auf meine These haben mich bestärkt, meine Überlegungen weiter zu verfolgen. Dabei wurde mir klar, daß der Blick auf die Welt, der diese in Männer und Frauen einteilt, eine Menge von Problemen sichtbar gemacht hat, daß aber Erklärungen, die ausschließlich entlang dieser Unterscheidung operieren, uns – das heißt Männer und Frauen – heute nicht mehr weiterführen. Sie sind liebgewordene Hülsen in ritualisierten Auseinandersetzungen, sie dienen dazu, im Gespräch Positionen zu klären. Frau zeigt, daß sie politisch bewußt und auf der Höhe der Zeit ist, wenn sie entsprechend argumentiert, und Mann demonstriert politische Korrektheit, wenn er den Frauenstandpunkt berücksichtigt. Aber das war's dann auch schon. Neue Einsichten sind hier nicht mehr zu erwarten.

Welche Art des Vorgehens aber ist dann geeignet, wenn man über Männer, Frauen und Macht schreibt? Gibt es jenseits der Männer-sind-Schweine-Frauen-sind-Opfer-Rhetorik eine Form, dieses Thema zu bearbeiten, die nicht sofort im argumentativen Minengürtel einer aufgeheizten Diskussion zerfetzt wird? Ich habe einen Zugang gewählt, der diesen Minengürtel umgeht. Die offensichtlichen Fortschritte der Frauenbewegung und die deutlichen Verbesserungen der Lage der Frauen gewinnen einen neuen Sinn, wenn man sie gegen den optimistischen Strich feministischer Siegesgewißheit bürstet, die die nach wie vor männerzentrierte Macht in unserer Gesellschaft weder theoretisch noch praktisch in den Griff bekommen kann. Ich habe versucht, eine alternative Interpretation dieser Siege und Erfolge zu entwickeln, die sie in Beziehung setzt zu den gesellschaftlichen Veränderungen, die mit ihnen einhergegangen und zum Teil durch sie ausgelöst worden sind. Das Bild, das dabei entsteht, ist getragen von einem gewissen Mißtrauen gegenüber scheinbar schnellen und klaren Erfolgen. Gegen die großen Überschriften von den Siegen rückt es das Kleingedruckte in den Vordergrund, gegen den vorschnellen Optimismus setzt es den nachdenklichen zweiten Blick auf die Entwicklungen.

Ich glaube, daß die beiden in diesem Feld verbreiteten Haltungen falsch sind. Weder haben diejenigen recht, die den Kampf um Gleichberechtigung entlang der traditionellen Schlachtlinien aufrechterhalten wollen, noch kann man denen zustimmen, die ihre Hoffnung auf die Kraft und Wirkung der bisher in Gang gesetzten Entwicklung zu mehr Gleichberechtigung setzen. Weder die traditionellen Feministinnen noch ihre selbstbewußten Nachfolgerinnen liegen mit ihrer Diagnose richtig. Denn wie bei einem Mobile ändern sich die Verhältnisse an allen Ecken und Enden, wenn man sie an einer Stelle zum Tanzen bringt. Das hat die Frauenbewegung sicherlich geschafft. Wichtig aber sind die dünnen Fäden und Brücken, die die Teile des Mobiles miteinander verbinden und sie zusammenhalten.

Einmal in Bewegung gesetzt, entstehen immer wieder neue Konstellationen, die dem geschlechtsfixierten Blick entgehen.

Zahlen, Daten, Fiktionen

Überblicken wir die Entwicklung in diesem Jahrhundert, so zeichnet sich deutlich der Abbau von ungerechtfertigten Benachteiligungen der Frauen ab. In Berlin wird im Jahr 1889 den Mädchen der Zugang zur Realschule ermöglicht, sieben Jahre später, im Jahr des ersten Frauenkongresses 1896, können sie dort auch auf das Gymnasium gehen. In Baden wird im Jahr 1900 die erste Studentin immatrikuliert. Ab 1908 können im ganzen Königreich Preußen Frauen auf die Universität gehen. Schließlich erhalten Frauen 1919 nach den Wirren des Krieges das allgemeine Wahlrecht in Deutschland. In Frankreich mußten sie darauf bis zum Jahr 1944 warten. Man kann die Jahrzehnte dieses Jahrhunderts wie Perlen aufreihen, für jedes findet sich ein Fortschritt, ein Abbau von Zugangsbarrieren, eine Zunahme des Frauenanteils in den verschiedenen, von Männern dominierten Domänen. Im historischen Rückblick erscheinen uns viele der Forderungen, die von der historischen Frauenbewegung oft mühsam auf die Tagesordnung gesetzt wurden, heute als selbstverständlich. Als Abigail Adams (1744–1818), die Frau des amerikanischen Präsidenten John Adams, für Frauen das verbriefte Recht auf Eigentum und Besitz forderte, war das für das 18. Jahrhundert ein revolutionärer Vorstoß. Solche frühen Aktivistinnen haben im Namen der Gleichberechtigung und Menschenrechte viel erreicht, sie haben wichtige Voraussetzungen geschaffen für die heutigen Kämpfe um Anerkennung und Teilhabe. Die Geschichte der Frauenbewegung ist – im Rückblick – ohne große Stilisierung als Erfolgsgeschichte zu erzählen.

Doch richten wir den Blick auf die Gegenwart. Heute erobern Bücher mit Titeln wie *See Jane Win*, die als Ratgeber für die erfolgreiche Erziehung von Mädchen in unserer Gesellschaft Tips für Mütter anbieten, die Bestsellerlisten.

Erfolgsmeldungen, so weit das Auge der Statistik reicht. Die deutsche Telekom startete 1998, zunächst als Pilotprojekt, ein eigenes Mentoring-Programm für Frauen. In der Presseerklärung heißt es: »Ziel des Mentoring-Programms ist es, Frauen kontinuierlich an Führungsaufgaben heranzuführen, frühzeitig Potentiale zu erkennen und zu fördern … Die deutsche Telekom braucht das Know-How, die Kreativität, das Engagement und die Persönlichkeit von Frauen.« Das klingt gut. Betrachten wir das Ganze etwas näher. In dem groß angekündigten Pilotprojekt werden zehn Frauen von je einem Mentor betreut. Die Telekom beschäftigt etwa 186 000 Mitarbeiter, ein Drittel davon, also gut 60 000, Frauen. Zehn von 60 000, das ist weniger als 0,02 Prozent. Das scheint die vielzitierte These der Internationalen Arbeitsorganisation in Genf (ILO) zu bestätigen, die vor ein paar Jahren in einer Studie zu dem Ergebnis kam, daß es bei Beibehaltung des derzeitigen Trends der Entwicklung etwa tausend Jahre dauern dürfte, bis die Gleichberechtigung von Männern und Frauen in Wirtschaft und Politik erreicht sein wird.

Nun sind derartige Hochrechnungen immer mit Vorsicht zu genießen, zukünftige Entwicklungen verlaufen selten so linear, wie man es sich in der Gegenwart ausrechnet. Doch zeigen sie, wie die quantitativen Verhältnisse in der Praxis beschaffen sind. Zehn Frauen im Management bringen noch keine Veränderung der Unternehmenskultur, geschweige denn der ökonomischen Machtverhältnisse. Der mediale Aufwand, mit dem solche Projekte begleitet werden, steht oft im umgekehrt proportionalen Verhältnis zu ihren wirklichen Folgen. Es scheint, als ob es hier nur darum ginge, sich in der Öffentlichkeit als ein zeitgemäß frauenförderungsfreundlich gesinntes Unternehmen zu präsentieren.

Aber es gibt auch andere Unternehmen. Die Barclays Bank, kein großes Kreditinstitut, aber immerhin eine Bank, kann stolz darauf verweisen, daß im Topmanagement mehr Frauen als Männer sitzen. Vier zu zwei steht es dort im Geschlechterkampf für die Frauen. Es gibt Untersuchungen, die zeigen, daß Frauen als Verwalterinnen von Aktiendepots statistisch gesehen eine höhere Rendite erzielen als ihre männlichen Kollegen; im Schnitt werfen weiblich verwaltete Depots um 1,4 Prozent mehr ab. Unverheiratete Frauen übertrafen ihre männlichen Kollegen hier sogar um 2,3 Prozent.[1]

Frauen, so scheint es, werden für Unternehmen zusehends attraktiv, nicht nur auf den unteren Stufen als Sekretärinnen und Bürokräfte. Neben ihrer Leistungsfähigkeit dürfte dabei aber auch das nach wie vor geringere Gehaltsniveau eine wesentliche Rolle spielen. Frauen im Management, wo sie denn bis dorthin vordringen, verdienen in diesen Positionen im Durchschnitt deutlich weniger als Männer. Das belegen alle Studien. So kommt etwa Sonja Bischoff von der Hochschule für Wirtschaft und Politik in ihrer Untersuchung über die Situation und das Einkommen von Frauen in Führungspositionen zu dem Ergebnis, daß hier nach wie vor gravierende Unterschiede bestehen. Im Bereich des Marketing etwa verdienten 21 Prozent der befragten männlichen Führungskräfte mehr als zweihunderttausend Mark im Jahr. Über die Hälfte ihrer weiblichen Kolleginnen müssen mit einem Jahreseinkommen unter einhunderttausend Mark auskommen. Allerdings finden sich nur 16 Prozent der Männer in dieser Einkommensklasse.[2] Auch hier gibt es die berühmten Ausnahmen, aber unterm Strich liegt das Einkommen weiblicher Führungskräfte nach wie vor unter dem ihrer männlichen Kollegen, ist der Dienstwagen, den die Managerin bekommt, eine Klasse kleiner als der des Managers, sind auch die sonstigen Vergünstigungen weniger üppig.

Nehmen wir den Bereich von Wissenschaft und Forschung. Der Frauenanteil bei den Studierenden hat alles in allem die 50-Prozent-Marke erreicht. Wie aber sieht es beim Lehrpersonal aus? Der Anteil der weiblichen Lehrstuhlinhaber an deutschen Hochschulen ist nach wie vor niedrig. In den alten Ländern lag er 1990 bei 5,4 Prozent und stieg bis 1996 auf 7,9 Prozent. In den neuen Ländern sind die Zahlen etwas günstiger, so daß sich der Anteil von Frauen bei den Professuren bundesweit auf 8,5 Prozent im Jahr 1996 und für das Jahr 1998 sogar auf 9,5 Prozent addiert. Den knapp vierzigtausend männlichen Professoren stehen jetzt dreitausendsechshundert Kolleginnen gegenüber. Nach wie vor ein deutliches Mißverhältnis. Aber die Universität ist bekanntlich strukturell konservativ. Kein Wunder also. Doch auch hier scheint sich etwas zu bewegen. Im Jahr 1997 lag der Anteil der Frauen an den Neuberufungen immerhin bei 16,9 Prozent. Gibt es also Grund zur Hoffnung? Jedenfalls gibt es noch viel aufzuholen: Nur zweimal ist der Nobelpreis für Physik in seiner hundertjährigen Geschichte an Frauen verliehen worden, nur drei Frauen haben ihn für Chemie und nur sechs für Medizin erhalten.

Richtig gut sehen da im Vergleich die Zahlen aus, mit denen der Freistaat Sachsen seine Pressemeldungen schmückt. In Sachsens Schulen sind 61 Prozent der Schulleiterpositionen von Frauen besetzt und auch die Stellvertreterposten sind mit einem Frauenanteil von 64 Prozent paritätisch verteilt. Steigt man die Hierarchie der Behörde hinauf, so erhält das Bild allerdings einen leichten Schatten. In den Regionalschulämtern sind unter den fünfundzwanzig Abteilungsleitern nur vier Frauen zu finden, und auf der Ebene der Referatsleiter sind von den sechzig Stellen nur fünfzehn mit Frauen besetzt. Dennoch, der sächsische Kultusminister verkündet: »Leistung und berufliche Fähigkeiten setzen sich immer durch.«

Gehen wir in die Industrie. Auch hier ist der allmählich ansteigende Frauenanteil für die eine oder andere Schlagzeile gut. Heute sind in Deutschland alles in allem etwa 20 Prozent der Stellen im mittleren Management mit Frauen besetzt. 1991 waren es nur 5 Prozent. Deutliche Unterschiede gibt es hier zwischen deutschen und amerikanischen Unternehmen. Die Firmenkultur der Amerikaner scheint für Frauen auf dem Weg nach oben durchlässiger zu sein. Auch ist die Differenz im Einkommen der Führungskräfte bei amerikanischen Unternehmen wohl weniger drastisch als bei deutschen. Allerdings gilt bei amerikanischen Firmen für Männer und Frauen nach wie vor die Devise des Hire and Fire. So ist der Weg nach oben zwar leichter, aber die einmal erreichte Position auch weniger sicher.

Nach wie vor eine reine Männerdomäne ist die Topetage der Vorstände und Geschäftsführer. Nur 6 Prozent der Vorstandsmitglieder und Geschäftsführer in Deutschland sind weiblichen Geschlechts. Das allerdings, so wird vermutet, kann sich bald ändern. Denn insbesondere Großunternehmen engagieren heute 27 Prozent Frauen für ihren Führungsnachwuchs, den sie frisch von der Universität weg rekrutieren.

Alles wird scheinbar gut: Mehr Frauen als Studierende in

den Universitäten, das führt mit einer gewissen Zeitverzögerung zu mehr Frauen im mittleren Management, und irgendwann in absehbarer Zeit wird dann auch der Frauenanteil in den Topetagen der Wirtschaft steigen. Die letzte Bastion der professoralen Herrenrunden an den Universitäten schließlich wird durch entsprechende Förderprogramme und kultusministerielle Erlasse auch noch geknackt werden. Schwestern, zur Sonne, zur Freiheit?

Auch was den Strukturwandel und die Veränderungen der Unternehmenskultur anbelangt, haben Frauen offensichtlich Rückenwind. Die Wirtschaft braucht insgesamt mehr weibliche Intelligenz. Der Abbau von Hierarchien, die neuen flexiblen Arbeitsformen, die Betonung weicher Werte, die steigende Bedeutung der Produktivkraft Kreativität – all das sind allseits beobachtete Entwicklungen, die die These einer Feminisierung der Wirtschaft stützen.

Der Markt reagiert schnell. Schon gibt es Wirtschaftsforen für Frauen mit entsprechendem Kursprogramm: Kommunikation und Selbstcoaching, Das Tao der weiblichen Sexualität, Lernen als Meta-Kompetenz: Vom männlichen zum weiblichen Management, Souveränes Auftreten: Umgangsformen für die Businessfrau von heute. Mit solchen Veranstaltungen sollen die erfolgreichen Businessfrauen fit für den Geschlechterkampf im Management gemacht werden. Dort lernen inzwischen auch die Männer in einschlägigen Seminaren, ihre kommunikativen Fähigkeiten zu nutzen, loszulassen, zuzuhören und ihre harten Schalen aufzubrechen. Betrachtet man diesen ganzen Markt der Unternehmensberatung, des Coachings und Trainings für Führungskräfte, so gewinnt man den Eindruck, daß hier den Männern wieder jene einfachen Fähigkeiten anerzogen werden, die sie im Laufe ihrer Karriere auf dem Weg nach oben verloren haben. Frauen könnten hier einen gewissen

Vorteil haben. Sie haben oft noch nicht verlernt, was es heißt, ein Gespräch zu führen, auf den anderen einzugehen, zuzuhören oder sich einfach wie normale Menschen im Alltag zu verhalten.

Bei solch rosigen Zukunftsaussichten mag man gerne darüber hinwegsehen, daß unter den fünfhundert erfolgreichsten weiblichen Führungskräften in den USA die einen Barbiepuppen, die anderen BHs und Hüfthalter verkaufen. Darüber beschwert sich Harriet Rubin, die den Frauen die Strategien von Machiavelli nahebringen möchte.[3] Das sind vermutlich alles Reste vergangener Zeiten. Auch die Tatsache, daß mit Ausnahme von Meg Whitman, die ein virtuelles Auktionshaus managt, und Carly Fiorina von Hewlett-Packard keine der großen Computerunternehmen und Internetfirmen von Frauen geleitet wird, ist vielleicht nur ein vorübergehender Mangel. Ist das Internet denn nicht die Boombranche schlechthin und handelt es sich hier nicht um eine typisch weiblich strukturierte Form der Kommunikation und Informationsverarbeitung: alles fließt und ist offen, keine Hierarchien, freier Zugang für alle? Wird nicht bald eine virtuelle Revolution die Frauen an die wirtschaftliche Macht bringen? Zwar gibt es bereits die ersten Onlinezeitschriften für Frauen (zu finden unter www.ceiberweiber.com), spezielle Suchmaschinen für Frauen mit so schönen Namen wie »Bellissima« und auch elektronische Netzwerke von Frauen im ingenieurwissenschaftlichen Bereich (zu finden unter www.info.wisenet), doch sind Frauen, was die Nutzung der neuen Medien anbelangt, im Hintertreffen – noch.

Nehmen wir die Politik. Der Anteil der Frauen in den verschiedenen Gremien, sei es lokal, auf Landes-, Bundes- oder europäischer Ebene, entspricht nach wie vor nicht ihrem Bevölkerungsanteil. Zwar finden wir auch hier eine kontinuierlich steigende Tendenz, doch rund 80 Prozent der Parlamentarier in Bund und Ländern sind nach wie vor Männer. Nur 18 Prozent der politischen Führungspositionen sind mit Frauen besetzt. Im Bundestag sitzen etwa zwei Drittel Männer und ein Drittel Frauen. Immerhin, das ist das bisher beste Ergebnis.

Doch der Kampf muß weitergehen. »Wir wollen mehr politische Macht für Frauen ... weil wir der festen Überzeugung sind, daß die bestehende Gesellschaftsordnung ... aus der Sicht von Frauen neu gestaltet werden muß. Wir stellen folgendes fest: Die prekäre Weltlage, in der wir uns befinden, die Armut und der Hunger, die Ausbeutung des Menschen und der Raubbau an der Natur, alle Kriege und die Gefährdung unseres Lebens durch Atomkraftwerke und Chemieindustrie sind Werke von Männern. Sie sind in den Köpfen von Männern entstanden und werden unter der Herrschaft von Männern ausgeführt ... Wir leben in einer patriarchalen Gesellschaft, deren politische Strukturen von Männern für Männer erdacht wurden und von Frauen kaum genutzt werden können.« So formuliert es das Programm der feministischen Partei »Die Frauen«, die allerdings bisher immer an der Fünf-Prozent-Hürde scheiterte. Dort heißt es weiter: »Wir wollen den zahlenmäßigen Anteil der Frauen im Bundestag, in allen Landes- und Kommunalparlamenten und allen Machtpositionen auf mindestens 52 Prozent erhöhen.«

Forderungen nach politischen Initiativen zur Erhöhung des Frauenanteils finden sich regelmäßig in parlamentarischen Anträgen, die zumeist aus der Opposition heraus und meist von grünen Parlamentarierinnen gestellt werden. Sie erscheinen im Angesicht der Zahlenverhältnisse plausibel und gerechtfertigt. Frauen sind im öffentlichen Dienst und der Verwaltung zwar insgesamt gesehen nicht unterrepräsentiert

sentiert. In Hamburg etwa sind von 85 000 Stellen im öffentlichen Dienst 40 800 von Frauen besetzt. Aber in den höheren Besoldungsgruppen liegt ihr Anteil meist unter 10 Prozent.[4]
Auch die wichtigen Gremien der europäischen Politik sind nach wie vor von Männern dominiert. Typisch hierfür etwa der Wirtschafts- und Sozialausschuß, der mit 220 Männern und 38 Frauen besetzt ist. Im zentralen Entscheidungsorgan der Europäischen Union, dem Europäischen Rat, sind derzeit als ständige Mitglieder nur zwei Frauen vertreten, die Außenministerinnen von Finnland und Schweden. Finnland und Schweden sind im übrigen die Länder, in denen es Frauen in der Politik am weitesten gebracht haben. Der Anteil der Frauen im schwedischen Parlament, dem Reichstag, liegt bei über 42 Prozent. In Finnland traten zu den Präsidentschaftswahlen erstmals zwei Frauen als aussichtsreichste Kandidatinnen gegeneinander an.
Abgesehen von solchen Ausnahmen gilt: Wo immer man anfängt zu zählen, die Frauen sind in der Minderzahl. Je höher man in den einzelnen Bereichen die Stufen der Hierarchie hinaufklettert, desto deutlicher wird das Mißverhältnis, und jede erfolgreiche Frau wird in diesen Gefilden zur Sensation. Das zeigt sich gerade dort deutlich, wo öffentliche Aufmerksamkeit zum Geschäft gehört. Auf die Titelseiten und in die Schlagzeilen kommen Tina Brown, die als Chefredakteurin wichtige amerikanische Zeitschriften zum Erfolg geführt hat, Sabine Christiansen, die sich mit ambitionierter eigener Talkshow bei der ARD etabliert hat, oder Marion Horn, die mit 33 Jahren als jüngste Chefin einer Tageszeitung der *Hamburger Morgenpost* vorsteht.
Doch diese Frauen sind Ausnahmen, die besonders im Rampenlicht der Öffentlichkeit stehen und dort zu Ikonen

weiblicher Erfolge stilisiert werden. Abgesehen von diesen spektakulären Fällen zeigt sich jedoch in einigen Bereichen tatsächlich ein Trend zu einer Erhöhung des Frauenanteils. Im Bereich der öffentlich-rechtlichen Medien etwa wirkt die politisch verordnete Quotierungsregel für die Frauen. So wird das Team, das die ARD zur Berichterstattung zu den nächsten Olympischen Spielen schickt, einen erhöhten Frauenanteil aufweisen, gegen die Vorstellung der Männer, die hier noch traditionell den Sportjournalismus dominieren. Das allerdings dürfte eher die Ausnahme sein. Denn in den Redaktionen der privatwirtschaftlich organisierten Informations- und Medienindustrie ist der Anteil von Frauen nach wie vor gering. Auf der Jahresversammlung der amerikanischen Zeitungsverleger wurden die entsprechenden aktuellen Zahlen präsentiert: Frauen, Schwarze, Hispanics, Asian-Americans und Mitarbeiter indianischer Abstammung sind gegenüber den weißen männlichen Kollegen nach wie vor weit in der Minderzahl.[5]

Das Bild ist also vielschichtig. Einerseits nach wie vor männliche Dominanz, andererseits ein allmählicher Anstieg des Frauenanteils. Dieser Stand der Entwicklung wird von den Aktivistinnen unterschiedlich bewertet. Sehen die einen darin Anzeichen einer kontinuierlichen Verbesserung, so haben die anderen nach wie vor das Patriarchat als fixes Feindbild im Auge. Hoffen die einen auf das Momentum eines selbsttragenden feministischen Aufschwungs, mahnen die anderen zum weiteren Kampf gegen die männlich dominierten Verhältnisse. Allerdings scheinen solche Differenzen nur für eine relativ kleine Gruppe von politisch aktiven Frauen eine wirklich wichtige Rolle zu spielen, insbesondere für jene, die selbst aus der politisch agilen Frauenbewegung der siebziger und achtziger Jahre kommen. Die nachwachsende Generation, die mit den von ihren

Vorgängerinnen hart erkämpften Erfolgen wie selbstverständlich groß geworden ist, tendiert weniger zu aktivem Engagement. Hier wird dann bisweilen ziemlich unbefangen ein kruder postfeministischer Ton angeschlagen. »Frauen sind raffinierte Luder. Das ist unser Instinkt, und es ist erschreckend. Feministinnen werden mich dafür killen, weil ich es ausspreche, aber es ist wahr.« Dieses Zitat stammt von Salma Hayek, einer mexikanischen Schauspielerin, die versucht, in Hollywood als Produzentin zu arbeiten. Produzenten sind skrupellos, sagt sie, und da sei sie als Frau im Vorteil.[6] Derart aggressive Töne sind allerdings die Ausnahme. Ob eine solche Anpassung an die traditionellen männlichen Vorurteile über das Wesen des Weibes Ausdruck postfeministischer Ironie oder Rückfall in alte Klischees ist, mag dahingestellt bleiben.

In aller Regel herrscht eine gewisse Nonchalance, die das Erreichte und Erkämpfte als gegeben nimmt, ohne sich für weitere Verbesserungen zu engagieren. Deutlich wird das in jenen Bereichen, die für die Frauenbewegung der sechziger und siebziger Jahre von besonderer Bedeutung waren, wie etwa der in die Kulturgeschichte der jüngsten Vergangenheit als »sexuelle Revolution« eingegangenen Entwicklung. Die damals erkämpfte Entkrampfung und Befreiung der Sexualität wird von den jungen Frauen der nachfolgenden Generation mit großer Selbstverständlichkeit hingenommen, während die Aktivistinnen aus alten Zeiten nach wie vor an dieser Front die Auseinandersetzung mit dem Patriarchat suchen. Deren Kritik am penetrationsfixierten Macho scheint jedoch für die sexuelle Kultur der heutigen Jugendlichen, glaubt man den einschlägigen Befragungen, keine wichtige Rolle mehr zu spielen.[7]

Dieses »Verschwinden« von Problemen stellt jede Protestbewegung vor ein großes Problem. Meist steht am Anfang einer solchen Bewegung ein relativ kleiner Kern engagierter Aktivisten der schweigenden Mehrheit gegenüber, die nur ganz selten zu spektakulären Aktionen bereit ist, obwohl sie die Forderungen der Bewegung durchaus teilt. Man kennt dieses Phänomen aus allen sozialen Bewegungen als Problem der sogenannten Trittbrettfahrer. Wer sich als Person aktiv für die Verbesserung der allgemeinen Verhältnisse einsetzt, seine Zeit opfert, öffentliche Kritik und Nachteile dabei in Kauf nimmt, tut damit nicht nur etwas für sich selbst, sondern auch für alle anderen. Von den Erfolgen, die durch den kleinen Kern der Aktiven erkämpft werden, profitieren aber auch jene, die nichts dafür getan haben. So gesehen ist es aus der Sicht eines jeden einzelnen vernünftig, sich nicht für eine Sache zu engagieren, wenn es andere bereits tun. Schließlich wird der von den anderen erkämpfte Erfolg auch denjenigen zugute kommen, die sich nicht dafür eingesetzt haben. Eine Frauenbeauftragte wird sich auch um die Belange derjenigen Frauen kümmern, die nicht für ihre Einsetzung gekämpft haben. Es ist also nicht verwunderlich, wenn sich das aktive Engagement immer nur auf eine kleine Gruppe beschränkt.

Diese Tatsache relativiert im übrigen auch einen der traditionsreichen Vorwürfe an die Frauenbewegung. Man hat den Frauen, die sich für ihre Belange öffentlich eingesetzt haben, seit dem Beginn der modernen Frauenbewegung vor über hundert Jahren nämlich immer wieder vorgeworfen, sie würden nur für ihre eigenen, abseitigen, wirren, extremen und ungerechtfertigten Forderungen kämpfen, da die Mehrheit ihrer Geschlechtsgenossinnen doch offensichtlich ruhig am heimischen Herd stünden und es wohl zufrieden seien. Das besondere Problem der Frauen war dabei, daß sie nicht nur mit der Passivität ihrer Geschlechtsgenossinnen konfrontiert waren, sondern natürlich zudem noch mit der Mehrheit der Männer, die ihre Aktivitäten mißtrauisch bis spöttisch kommentierten und beobachteten. Es war selbst vielen scheinbar aufgeklärten Männern des 19. Jahrhunderts unvorstellbar, daß Frauen ein Recht auf öffentliche Präsenz, einen Anspruch auf Menschen- und Bürgerrechte, auf Teilhabe am öffentlichen Leben haben sollten. Wilhelm Heinrich Riehl, der als einer der Begründer der Familiensoziologie im letzten Jahrhundert gilt, outete sich 1854 als Mitkämpfer für die »verrufene Emanzipation der Frauen«. Allerdings: Er wollte für eine bedeutend erweiterte Geltung und Berücksichtigung der Familie – nicht der Frauen – im modernen Staat kämpfen. Denn, so Riehl, die Frauen sollten wirken für das öffentliche Leben, aber man solle ihrer dabei nicht ansichtig werden, denn sie sollen zu Haus bleiben. So wollten die frühen Aktivistinnen sicher nicht verstanden werden, wenn sie ihr Programm auf die Formel brachten: Wir fordern einfach nur unser Recht, unser Menschen-Recht.

Nichtsdestotrotz, der Abbau von geschlechtsspezifischen Benachteiligungen scheint ein epochaler Trend zu sein. Das Ende der Entmündigung der Frauen scheint nahe. In Wirtschaft, Bildung, Wissenschaft und Politik – in allen gesellschaftlichen Bereichen sind Frauen auf dem Vormarsch. Oft sind sie dabei noch weit entfernt vom Ziel der angestrebten Repräsentation, die ihrem Anteil an der Bevölkerung entsprechen würde, aber der Trend stabilisiert sich.

Genügt es, diese Entwicklung zu begrüßen und an ihrer Stabilisierung zu arbeiten? Was erreichen Frauen, wenn ihr Anteil an der politischen Klasse, an den Universitäten, im Management von Unternehmen und in den Verwaltungen steigt, wenn es allerorten Frauenbeauftragte und Diskriminierungsverbote gibt? Sehen wir etwas genauer hin.

Arme Emma – auf dem Weg des Erfolgs ins Abseits

Die Frauenbewegung ist eine soziale Bewegung von beträchtlichem Ausmaß. Wie alle sozialen Bewegungen unterliegt sie einer paradoxen Dynamik. Wenn aus dem diffusen Unbehagen, das am Anfang steht, Anliegen und Forderungen öffentlichkeitswirksam formuliert werden, beginnen soziale Bewegungen ihre Kraft zu entfalten. Sie entwickeln Kampfrufe, benennen einen Mißstand, der auch der gesellschaftlichen Moral zufolge als solcher identifizierbar ist, gewinnen dadurch Aufmerksamkeit, erhalten Zulauf, und der von ihnen auserkorene Feind wird sie dann irgendwann zur Kenntnis nehmen und auf ihre Forderungen reagieren müssen. Ist diese erste Schwelle der Wahrnehmung erst einmal erreicht, tauchen neue Probleme auf. Wie läßt sich die notwendige Unterstützung auf Dauer stellen, wie kann eine anhaltende Aufmerksamkeit in der Öffentlichkeit erreicht werden, welche Macht- und Druckmittel kann eine soziale Bewegung mobilisieren? Die Situation verändert sich, wenn die Anliegen der Bewegung Erfolg haben. Dann geht es nicht mehr um die Organisation von erfolgreichen Protestveranstaltungen, sondern um die Sicherung und Konsolidierung des Erreichten. Das erfordert andere Organisationsformen und Strategien.
Ein gutes Beispiel, an dem sich in der gegenwärtigen Situation die Schwierigkeiten studieren lassen, die mit diesem Wandel einhergehen, sind die Grünen, die auf dem Weg von der Protestbewegung zur Regierungspartei schwer ins Schlingern geraten und von einer Identitätskrise in die nächste schlittern. Die Differenz zwischen den Anhängern

des Protestmodells und den Vertretern des Machtmodells, zwischen denjenigen, die im Oppositionsbiotop verharren, und denjenigen, die an den Schalthebeln der Politik aktiv gestalten wollen, stellt sich als Flügelkampf um die reine und wahre Lehre dar. Hier die sogenannten »Realos«, dort die »Fundis«, hier die Vertreter des pragmatischen Flügels, dort die Siegelbewahrer der ehernen grünen Prinzipien. Die gegenseitigen Vorwürfe in den innerparteilichen Auseinandersetzungen lauten dann an die eine Seite Lernunfähigkeit, an die andere Opportunismus. Die Realpolitiker werfen den Fundamentalisten vor, sie seien lernunfähig, sie könnten sich nicht an die veränderte Situation anpassen. Die so Beschimpften wiederum reagieren mit dem Vorwurf, wer auf Realpolitik setze, der zeige damit nur, daß er von der Macht korrumpiert worden sei. Im übrigen neigen die Grünen traditionell dazu, Probleme des Umgangs mit der Macht als Probleme des Verhältnisses der Geschlechter zu deuten. Als Joschka Fischer sich öffentlich über eine Reform der Parteiorganisation äußerte und die derzeitige Lösung einer »Doppelspitze« mit zwei Sprecherinnen kritisierte, da dauerte es nur wenige Tage, bis eine Gruppe von grünen Frauen eine Erklärung vorlegte, in der sie sich vehement gegen das männliche Machtstreben Fischers wendete. Der hatte nichts anderes getan, als laut und geschlechtsneutral über andere Organisationsformen nachzudenken. Ähnliches findet sich in der Frauenbewegung, die ja zum Teil bei den Grünen ihre politische Heimat gefunden hat. Wenn Frauen auf die Verbesserung ihrer Chancen mit einer Strategie der Kooperation mit Männern reagieren, dann laufen sie Gefahr, von den Vertreterinnen der reinen Lehre als Verräterinnen an der feministischen Sache kritisiert zu werden, dann werden sie zu Handlangerinnen des Patriarchats, »zu Exekutantinnen der Männerherrschaft«, wie Alice Schwarzer sagt. Dementsprechend wehren sie sich mit dem Vorwurf, derartige Anschuldigungen seien nicht mehr zeitgemäß, Radikalität sei kein Wert an sich. Vielmehr verstecke sich hinter dem scheinbar radikalen Feminismus eine letztlich infantile Haltung, die nur darauf zurückzuführen sei, daß der männliche Feind auf die hingeworfenen Fehdehandschuhe in der Form radikaler Forderungen und symbolischer Attacken nicht reagiere. »Ein Gegner, der sich verweigert, bringt den Angreifer dazu, sich in immer absurderen Provokationen zu verzetteln, denen schließlich auch viele Frauen nicht mehr zu folgen vermögen.«[8] So geht Katharina Rutschky, die sich in der radikalen Frauenbewegung einen schlechten Namen gemacht hat, in ihrem Essay *Emma und ihre Schwestern* mit den Anhängerinnen der reinen Lehre ins Gericht. Im Typenrepertoire der radikalen Frauenbewegung, so Rutschky, »hat weder die erwachsene, noch die ironisch gebrochene Frau eine Chance, von wirklichen Persönlichkeiten ganz zu schweigen, die eine nach der anderen ausgemendelt wurden oder selbst das Weite suchten, ermattet von gnadenloser Kritik«.[9]

Solche Kontroversen gewinnen ihre Einheit in der Differenz vor dem Hintergrund der Frage nach der Struktur und dem Umgang mit der Macht. Es bedarf hier im übrigen nur einer milden Stilisierung, um ein Bild der Grünen im politischen Spektrum der Bundesrepublik als »weibliche« Partei zu konstruieren. Die Probleme der Grünen mit der Macht sind sprichwörtlich, ebenso wie ihre hohen moralischen Standards und Ansprüche, für die sie bereit sind, ohne Rücksicht auf Verluste zu kämpfen. Es geht ihnen um die Sache, nicht um die Macht, und aufgrund dieser falschen Alternative stehen sie sich oft ebenso hemmungslos selbst im Weg wie die Frauenbewegung. Hinzu kommt, daß originäre grüne Anliegen, sei es die Ökologie oder die Frauenquote, heute von den sogenannten Altparteien weitgehend übernommen wurden. Die Sympathie und die Unterstützung, mit der die Grünen lange Zeit rechnen konnten, sinken in dem Ausmaß, wie einerseits ihre Anliegen politisch Gehör finden und sie andererseits auf dem harten Weg der Realpolitik voranschreiten. Wir werden diesen Fall später ausführlich behandeln.

Das historische Paradebeispiel für die Probleme solcher Übergänge, bei denen soziale Protestbewegungen entweder durch ihren eigenen Erfolg eingeholt werden oder sich durch Radikalisierung ins gesellschaftliche Abseits manövrieren, ist natürlich die Arbeiterbewegung. Die skandalösen Lebensbedingungen, die unmenschlichen Verhältnisse, unter denen die arbeitenden Menschen im 19. Jahrhundert existieren mußten, waren die wichtigste Voraussetzung für die Entstehung der Arbeiterbewegung. Deren Erfolge in der Auseinandersetzung mit den Unternehmern und dem Staat führten zu einer allmählichen Verbesserung der Situation der Arbeiter. Die Folge davon war, daß der unmittelbare Leidensdruck bei den Betroffenen nachließ, was wiederum dazu führte, daß das Engagement zurückging und die radikalen Forderungen aus der frühen Arbeiterbewegung in eine gemäßigte Politik des organisierten Miteinanders von Arbeitgebern, Staat und Gewerkschaften einmündeten. Der vormals brisante Konflikt zwischen Arbeit und Kapital ist heute befriedet. Streiks und andere Formen des Widerstands sind selten geworden oder haben ihr Drohpotential weitgehend verloren. Das sieht nach einer Erfolgsgeschichte aus.

Aber inwiefern geht es den Arbeitern heute besser? Hat die Arbeiterbewegung ihre ursprünglichen Ziele erreicht und haben die Arbeiter das durchgesetzt, was sie sich als Forderung auf ihre Fahnen geschrieben hatten? Einerseits ist das Leben eines Arbeiters heute nicht mehr mit den Verhältnissen im 19. Jahrhundert zu vergleichen. Die Forderungen der Gewerkschaften von damals sind heute alle erfüllt. Die Arbeitszeiten sind kürzer, Arbeitnehmer sind gegen die Risiken von Arbeitslosigkeit abgesichert, sind krankenversichert, haben Anspruch auf Rente, und das Arbeitsrecht schützt sie vor ungerechtfertigten Willkürmaßnahmen der Arbeitgeber. Aber das ist nur die eine Seite. Und es trifft zudem nur auf diejenigen zu, die überhaupt noch eine Arbeit haben!

Auf der anderen Seite ist die Wirtschaftsform, gegen deren Unmenschlichkeit die Arbeiterbewegung einst angetreten war, als unbestrittener Sieger aus der Geschichte der letzten hundert Jahre hervorgegangen. Der Kapitalismus ist zur konkurrenzlos herrschenden Form von Wirtschaft und Gesellschaft geworden. Er ist heute keineswegs gerechter, er hat neue Ungleichheiten und Benachteiligungen hervorgebracht, aber die Arbeiterbewegung kann und will ihn nicht mehr bekämpfen. In den Vereinigten Staaten, dem Land mit dem am weitesten entwickelten Kapitalismus, entfallen heute auf die 5 Prozent der reichsten Familien 20 Prozent des gesamten Familieneinkommens.[10] Zwar hat diese Wirtschaftsform insgesamt zu extremem Reichtum geführt. Sie hat auch das Grundniveau der Lebensverhältnisse in den letzten hundert Jahren gewiß sehr angehoben. Doch es ist die Kehrseite dieses Reichtums, daß etwa in Deutschland das reichste Viertel der Gesellschaft 70 Prozent des Geldvermögens besitzt, während sich das ärmste Viertel mit nur 2 Prozent bescheiden muß. 2,7 Prozent der bundesdeutschen Haushalte verfügen über ein Nettogesamtvermögen von jeweils mehr als einer Million Mark. Auf diese Vermögensmillionäre entfallen etwa 28 Prozent des gesam-

ten Privatvermögens. Demgegenüber sind 46 Prozent der Haushalte nur mit 9,5 Prozent am Gesamtvermögen der privaten Haushalte beteiligt. Nicht einmal 20 Prozent der Haushalte beanspruchen ungefähr drei Viertel der Nettogeldvermögen. Andererseits verfügt nach den Ergebnissen der jüngsten Einkommens- und Verbrauchsstichproben die Hälfte aller Haushalte über ein Nettogeldvermögen von weniger als 30 000 Mark. Nach Definition der EU gelten sieben Millionen Bürger in der Bundesrepublik Deutschland als einkommensarm, da sie über weniger als 50 Prozent des Durchschnittseinkommens verfügen.
Hatte die Arbeiterbewegung vor hundert Jahren im wesentlichen die Situation in den industrialisierten Ländern Europas im Blick, so muß man heute die Verteilung des Reichtums im weltweiten Rahmen sehen. Im globalen Maßstab verdüstert sich das Bild dann noch einmal. Die weltweit registrierten 358 Dollar-Milliardäre sind zusammengenommen so reich wie die ärmeren 2,5 Milliarden Menschen der Weltbevölkerung. Ist das eine Erfolgsgeschichte?
Trotz aller Unterschiede ist die Geschichte der Arbeiterbewegung mit der Geschichte der Frauenbewegung vergleichbar, sowohl von ihrer historischen Bedeutung her als auch von der Art und Weise, in der sie ihre Anliegen formuliert hat. Die Arbeiterbewegung war mit ihrem radikalen Flügel angetreten, um die Gesellschaft grundlegend zu verändern. Ihre Kritik an den herrschenden Verhältnissen ruhte auf einer mächtigen moralischen Überzeugung: Die Welt, so wie sie ist, ist ungerecht, und die Ursache dieser Ungerechtigkeit liegt im Gegensatz von Arbeit und Kapital. Kapitalisten unterdrücken die Arbeiter durch Ausbeutung ihrer Arbeitskraft, und darin liegt das Grundübel der Gesellschaft begründet. Auch die Frauenbewegung trat mit universellem Anspruch auf eine Veränderung der Gesellschaft als

ganzer auf. Dieses Pathos hallt in vielen politischen Verlautbarungen nach. »Wir verstehen die Gestaltung einer feministischen Gesellschaftsordnung als einen Entwicklungsprozeß, in dem vieles erst neu erfunden werden muß ... Bei der Auseinandersetzung um eine herrschaftsfreie Gesellschaft brauchen Feministinnen einen langen Atem, Zorn und Willen zur Macht«, heißt es in der Präambel zur Wahlplattform der Partei »Die Frauen«. Auch die Frauenbewegung gewinnt ihre Kraft aus einer tiefsitzenden moralischen Überzeugung: Die Welt, so wie sie ist, ist ungerecht, und das liegt daran, daß Männer Frauen unterdrücken, benachteiligen und ausbeuten. Männer und Frauen, dieser Gegensatz erscheint ebenso klar und grundlegend wie der Gegensatz zwischen Kapital und Arbeit.
Nun hat die Arbeiterbewegung sicherlich in ihrer konkreten Entwicklung einen anderen Verlauf genommen als die Frauenbewegung. Es gibt keine politisch erfolgreiche Frauenpartei, keine den Gewerkschaften vergleichbare Form der Institutionalisierung von Fraueninteressen, es sei denn, man wollte die Frauenbeauftragten als Form der institutionalisierten Interessenvertretung ansehen. Leider gibt es aber dennoch Parallelen hinsichtlich der zwiespältigen Konsequenzen des Erfolgs.
Ebenso wie die Arbeiterbewegung läuft die Frauenbewegung Gefahr, in eine Art Erfolgs- und Befriedungsfalle zu laufen. Mit der rechtlichen Gleichstellung und der zunehmenden Anerkennung von Frauen sinkt die Frustration, die Schwellen für aktives Engagement werden höher. Der kritische feministische Blick wird milder und blickt eher auf das Erreichte zurück als nach vorne auf das noch zu Erkämpfende. Hinzu kommt eine schleichende Umdefinition der Ziele. Die Verwaltung des gewonnenen Territoriums gewinnt an Bedeutung, die radikale Kritik wandelt

sich zu einem aufmerksamen Blick, der die Erhaltung und Pflege des bisher Erreichten im Auge hat. Die Wachsamkeit läßt nach. Manche der Aktivistinnen sonnen sich stolz auf die eigenen Erfolge im Licht des Geschaffenen, andere sehen ihre Aufgabe als erledigt und wenden sich anderen Dingen zu. Bei denjenigen, die das Anliegen der Frauenbewegung zur hauptberuflichen Beschäftigung gemacht haben, tritt immer mehr die Sicherung der eigenen Position im Arrangement mit dem früheren Gegner in den Vordergrund. Es bilden sich Ansätze zu oligarchischen Strukturen. Betroffenheit wird zum Lebensinhalt von Professionellen, die im Namen der Unterdrückten und Benachteiligten (Arbeiter oder Frauen) dem Gewerbe der symbolischen Politik nachgehen. Man kann die Geschichte der Frauenbewegung seit den sechziger Jahren in diesem Sinne als Verfallsgeschichte beschreiben.

Es erscheint paradox, aber der Erfolg der Frauenbewegung hat bei manchen Aktiven zur Verengung des Blicks, zur Verhärtung der ideologischen Fronten, zum Fraktionskampf um die Vorherrschaft und das Recht, öffentlich im Namen aller Betroffenen zu sprechen, geführt. Die Frauenbewegung als aktive politische Bewegung ist damit ein Stück weit ins Abseits geraten. Dieses Schicksal teilt sie mit den Gewerkschaften, die als Interessenvertreter im Namen der Arbeiter sprechen, während ihnen einerseits die Mitglieder davonlaufen und sich andererseits die Arbeitswelt revolutioniert.

Soweit lassen sich einfache Parallelen ziehen. Wie aber sieht es aus mit den eher untergründigen Entwicklungen, mit den unter der Oberfläche des Erfolgs sich durchsetzenden Veränderungen und den damit einhergehenden neuen Diskriminierungen? Die Arbeiterbewegung erkaufte den Erfolg einer großflächigen Verbesserung der ökonomischen Lebenssituation der arbeitenden Menschen mit einer langfristigen Verschärfung der sozialen und ökonomischen Ungleichheit im globalen Maßstab. Die Erfolge, die die Arbeiterbewegung in den entwickelten Industriegesellschaften Europas erkämpft hat, gingen einerseits zu Lasten der Menschen in der sogenannten Dritten Welt. Andererseits entwickelten sich neue Ungerechtigkeiten inmitten unserer eigenen, scheinbar befriedeten und sozial gerechten Gesellschaften.

Gibt es dazu Parallelen im Bereich der Frauenbewegung und der Auseinandersetzung über die Machtverteilung zwischen Männern und Frauen? Es finden sich auch hier Anhaltspunkte für eine Art der Globalisierung. Viele der modernen Frauen der Ersten Welt verdanken ihre neugewonnene Freiheit und Autonomie Frauen aus ärmeren Ländern. Kindermädchen und Putzfrauen aus der Dritten Welt oder aus den Ländern des ehemaligen Ostblocks arbeiten in Familien und Haushalten der neuen städtischen Mittelschichten, meist ohne Arbeitserlaubnis und ohne sonstige Absicherung. Sie ermöglichen es den Frauen, Berufstätigkeit und Familienarbeit zu verbinden. Wir werden dieses Problem später wieder aufgreifen.

Aus der historischen Perspektive lassen sich einige Anhaltspunkte für die These identifizieren, daß die Siege der Frauenbewegung nicht nur zu neuen Diskriminierungen geführt haben, sondern daß damit wenig erreicht wurde. Das allmähliche Vordringen der Frauen im Bereich der Politik fällt in eine Zeit, in der wir eine Entmachtung des politischen Systems beobachten können. Die Rolle der traditionellen nationalen wie internationalen politischen Körperschaften verliert an Bedeutung. Wichtige Entscheidungen, die das Leben aller Menschen betreffen, werden zusehends an anderen Orten und von anderen Akteuren getroffen.

Die klassische parlamentarische Demokratie verliert an Macht. An Bedeutung gewinnen hingegen wirtschaftliche Machtträger und Unternehmen, die über Ländergrenzen hinweg global agieren können, ohne Rücksicht auf die Vorgaben der nationalen Politik nehmen zu müssen. Die Nachrichten aus dem Bereich der großen Politik, die heute die Menschen bewegen, sind trivial. Man interessiert sich für das Sexualleben des amerikanischen Präsidenten, die Alkoholprobleme des Kremlchefs und die Zigarrenmarke des deutschen Bundeskanzlers. Politisch wirklich wichtige Informationen aber liefern die Börsennachrichten. Die traditionelle Politik hat unter Machtgesichtspunkten mehr oder weniger ausgedient. Hier wird nur mehr auf einer Vorderbühne des Spektakels agiert. Die Gesellschaft aber läuft weitgehend ohne politische Steuerung nach eigenen Gesetzen dahin.

Wenn wir heute die Zunahme des Frauenanteils in den politischen Körperschaften beobachten, so ist das also nicht für sich genommen ein Beleg für eine stärkere Beteiligung der Frauen an der politischen Macht. Zugespitzt könnte man sagen, daß die Zunahme des Frauenanteils in der Politik durch ein Schwinden des Einflusses, den die Politik auf die Gesellschaft und die Gestaltung des Lebens der Menschen hat, kompensiert wird. Zwar finden wir mehr Frauen in der Politik, aber sie können weniger ausrichten, weil die Politik insgesamt an Bedeutung und Gestaltungskraft verliert. Wollte man eine Art Nettobilanz erstellen, so käme man zu dem Schluß, daß zwar der relative Frauenanteil in der Politik zugenommen hat, daß aber gleichzeitig der Machtanteil, den die Politik zu verwalten hat, geringer geworden ist und damit die Frauen aufs ganze gesehen nichts erreicht haben. Der politische Gestaltungsraum ist insgesamt geringer geworden, der parlamentarischen Politik fehlen die Mittel, um die Gesellschaft zu verändern. Der Staat ist in der fiskalischen Dauerkrise, hat nichts mehr zu verteilen und kaum mehr etwas zu bestellen. Über 90 Prozent der öffentlichen Haushalte in westlichen Gesellschaften sind heute durch langfristige Verpflichtungen festgelegt und der Entscheidung der Politik entzogen. Einmal getroffene Festlegungen können durch Wahlen nicht mehr revidiert werden: Schwarz, rot oder grün – das politische Farbenspiel hat nur mehr dekorative Bedeutung.

Derartige Machtbilanzen fallen besonders deutlich für jene Bereiche politischer Steuerung aus, in denen die Ungleichverteilung von Chancen zwischen Frauen und Männern nach wie vor am größten ist, nämlich überall dort, wo die Ökonomie, wo Geld, Einkommen und Vermögen eine große Rolle spielen. Weder sind die Entscheidungen transnationaler Unternehmen durch nationalstaatliche Politik in nennenswertem Ausmaß zu steuern, noch können etwa regionale politische Körperschaften sich gegen die Interessen von ortsansässigen Unternehmen durchsetzen. Allenthalben hört man die Klagelieder der Politiker, denen die Macht der politischen Gestaltung und Entscheidung entgleitet. Es ist sicherlich kein Zufall, daß parteipolitische Programme heute zusehends wie Sanierungspläne von Konkursverwaltern aussehen. Die Qualität einer Regierung bemißt sich an ihrem Umgang mit dem Staatshaushalt. Die defensive Strategie der Sparsamkeit der öffentlichen Haushalte wird zur herausragenden politischen Tugend, und an die Bürger ergeht der Appell: Bereichert euch.

Es gibt eine Reihe von Beispielen aus der jüngsten Vergangenheit, an denen sich die Ohnmacht der Politik, ja die paradoxen Wirkungen wohlmeinender politischer Initiativen demonstrieren lassen. Wo immer Politik versucht, gestaltend einzugreifen, kommt sie sehr schnell an ihre

Grenzen. Politische Versuche, auf dem Wege gesetzlicher Regelungen soziale Ungerechtigkeiten und ungerechtfertigte Machtverhältnisse durch entsprechende gesetzliche Vorschriften zu beseitigen, gehen in aller Regel nach hinten los und wenden sich in ihren Wirkungen dann oft gegen die Betroffenen.

So führte etwa die Einführung der Mutterschutzgesetzgebung, des Jugendarbeitsschutzes oder aber auch des Verbots von sogenannten Kettenverträgen im Rahmen von Zeitarbeitsverhältnissen keineswegs immer nur dazu, daß sich die Arbeitsbedingungen derjenigen, die durch diese Regelungen geschützt werden sollten, verbesserten. Vielmehr wurden die angestrebten Effekte eines besseren Schutzes der Betroffenen durch die sinkende Attraktivität der so geschützten Personen auf dem Arbeitsmarkt wieder neutralisiert. Frauen, die einen gesetzlich festgelegten Anspruch auf Mutterschutz haben, sind für Arbeitgeber weniger attraktiv; es werden weniger Lehrstellen angeboten, wenn Lehrlinge nicht mehr wie bisher nach den Vorstellungen der Unternehmen im Betrieb zur Arbeit herangezogen werden können, und Angestellte im öffentlichen Dienst, die sich bisher über mehrere Zeitverträge an einer Arbeitsstelle einen festen und kontinuierlichen Arbeitsplatz gesichert hatten, wurden nach spätestens fünf Jahren nicht mehr weiter beschäftigt, da sie ansonsten den gesetzlichen Anspruch auf eine Dauerstelle hätten geltend machen können.

Solche Beispiele gibt es zuhauf. Sie belegen in unserem Zusammenhang im wesentlichen eines: Die Chancen der Politik, gesellschaftliche Ungerechtigkeiten mit ihren Mitteln zu lindern, sind gering und werden immer geringer. Das Drohpotential ökonomisch mächtiger Akteure schränkt den Handlungsspielraum der Politik weitgehend ein.

Die gleiche Vorsicht ist im Angesicht der optimistischen Zahlen aus der Wirtschaft geboten. Schlagzeilen, die eine Zunahme des Frauenanteils im sogenannten mittleren Management vermelden, muß man vor dem Hintergrund lesen, daß im Rahmen eines allgemeinen Trends zur Umstrukturierung von Unternehmensorganisationen genau diese mittlere Ebene der Hierarchie zunehmend ausgedünnt und abgebaut wird. Das traditionelle Denken, das die Macht in Unternehmen anhand eines hierarchischen Modells zu erfassen suchte, kann die neuen Machtstrukturen im flexibilisierten und disorganisierten Kapitalismus gar nicht mehr in den Blick bekommen. Neue, dezentrale Arbeits- und Kooperationsformen lösen traditionelle Weisungsbefugnisse und Befehlsverhältnisse auf. Wer heute was, an welcher Stelle und worüber in einem modernen Unternehmen zu sagen hat, läßt sich nicht mehr anhand eines Organisationsschemas traditioneller Prägung beurteilen. Die *smart guys* sitzen nicht unbedingt dort, wo früher ganz oben war, und die *smart girls* kann man dort meist an einer Hand abzählen.

Ähnlich ist es im Bereich des Bildungssystems. Auch hier finden wir eine paradoxe Entwicklung. Allgemein hat die Expansion des Bildungssystems nicht zu mehr Gerechtigkeit geführt, sondern zu stärkerer Konkurrenz. Galt noch in den fünfziger Jahren die Regel, daß ein akademischer Studienabschluß eine sichere Garantie für eine angemessene berufliche Karriere war, so hat sich das durch die Ausweitung der Zugangsmöglichkeiten zu einem akademischen Studium verändert. Heute garantiert ein akademischer Abschluß keineswegs mehr eine sichere berufliche Zukunft. Die sprichwörtlichen promovierten Taxifahrer belegen das ebenso wie die allgemeine Klage über ein heranwachsendes akademisches Proletariat. Die Konkurrenz um berufliche Positionen ist härter geworden. Wo früher ein Hauptschulabschluß genügte, wird heute Abitur verlangt, wo früher das Abitur als Einstiegsvoraussetzung in das Berufsleben ausreichte, fordert man heute akademische Abschlüsse, und in den Bereichen, die traditionell einen Universitätsabschluß voraussetzten, wird heute die Konkurrenz über den Faktor Alter oder aber auch Geschlecht gesteuert. Es genügt also nicht mehr, über ein Diplom, ein Staatsexamen oder einen Doktortitel zu verfügen, sondern erstens sollte der entsprechende Abschluß möglichst »mit Auszeichnung« erworben sein und zweitens in möglichst kurzer Zeit. So haben wir auch hier wieder eine vergleichbare Situation wie im Bereich der Politik.

Die Chancen des Zugangs für Frauen zum Bildungssystem haben sich verbessert, aber das Bildungssystem hat gleichzeitig ein Stück weit seine Bedeutung als Sprungbrett und Filter für die gesellschaftliche Machtverteilung verloren. Zwar gibt es heute mehr Mädchen, die Abitur machen, und mehr junge Frauen an den Universitäten, aber der gesellschaftliche Wert der dadurch erworbenen Zertifikate sinkt.

Auch muß man kein allzu großer Prophet sein, um die Zukunft des öffentlichen Bildungswesens insgesamt vorhersehen zu können. Zwar mag es zutreffen, daß die Zunahme der Frauen in den höheren akademischen Rängen Anlaß zur Hoffnung auf einen baldigen Abbau der geschlechtsspezifischen Schräglage gibt, aber gleichzeitig sind wir Zeugen eines Verfalls der öffentlichen Bildungseinrichtungen. Die staatlichen Universitäten verlieren an Bedeutung und überleben in diesem Land vor allen Dingen deswegen, weil die Chancen für die Konkurrenz der privaten Hochschulen durch politisch gewollte Benachteiligung extrem schlecht sind. Doch zeigt sich bereits, daß die Zukunft der

akademischen Ausbildung im privaten Sektor liegt. Große Firmen gründen heute ihre eigenen Universitäten, und es ist vermutlich nur mehr eine Frage relativ kurzer Zeit, bis der Wert einer Ausbildung an einer staatlichen Universität so weit gesunken ist, daß sie für das spätere Berufsleben kaum mehr eine Bedeutung hat. Dafür werden die Absolventinnen dieser Einrichtungen dann von einem geschlechtsparitätisch besetzten Lehrkörper ausgebildet worden sein.
Hat man diese Art von Mechanismus einmal durchschaut, so lassen sich alle Bereiche, in denen statistisch gesehen weibliche Emanzipation stattfindet, unter dem Gesichtspunkt von Abbau geschlechtsspezifischer Diskriminierung einerseits und gleichzeitigem Bedeutungs- und Machtverlust andererseits betrachten. Man kann dann etwa die durch die Antibabypille oder die weitgehende Legalisierung des Schwangerschaftsabbruchs erreichte Souveränität der Frauen über den eigenen Körper und die Fortpflanzung in Beziehung setzen zum epochalen Bedeutungsverlust von Nachwuchs und Familie in modernen Gesellschaften. Kinder sind kein soziales Kapital mehr, sie spielen für die individuelle Altersversorgung, die durch staatliche oder private Vorsorgesysteme reguliert wird, keine Rolle. Daher verliert die Kontrolle über die biologische Reproduktion in modernen Gesellschaften an Gewicht, sie ist kein Machtmittel mehr. Die sexuelle Revolution, die als Meilenstein in der Befreiung der Frau gefeiert wurde, ist zerfallen und hat in weiten Teilen einer neobiedermeierlichen Romantik Platz gemacht. Wir finden heute auf der einen Seite eine neue Prüderie, die einen bizarren Kanon der sexuellen Correctness und hochproblematische Debatten über sexuellen Mißbrauch hervorgebracht hat. Auf der anderen Seite ist Sexualität durch ihre Enttabuisierung zu einem mehr oder weniger trivialisierten Bestandteil des Alltags geworden,

der sich nicht mehr als politisches Schlachtfeld im Geschlechterkampf eignet. Dennoch haben wir nach wie vor klare Verhältnisse sexueller Ausbeutung von Frauen durch Männer, haben Verhältnisse der Benachteiligung und Diskriminierungen etwa im Bereich der Prostitution und der sexuellen Dienstleistungen.

Frauen waren im Rahmen der traditionellen patriarchalischen Familie sozial unterdrückt. Mit dem Gewinn von Rechten, der Aufwertung der Rolle der Frau in der Familie, dem Abbau von sozial fest verankerten Vorurteilen und Diskriminierungen geht jedoch gleichzeitig ein Bedeutungsverlust der Familie als Organisationsform des Zusammenlebens einher. Die traditionelle Familie als Lebensform ist heute ein Auslaufmodell, auch wenn dieses Modell im Rahmen einer Art neuromantischen Wiederbelebung sogenannter Familienwerte erneut Konjunktur zu haben scheint. Wir finden einerseits wachsende Scheidungsraten, andererseits einen erheblichen Anteil an wieder verheirateten »Wiederholungstätern«, die eine Art serielle Monogamie praktizieren. Das führt dann zu den sogenannten postfamilialen Patchwork-Familien: Lebensgemeinschaften auf Zeit, bestehend aus zwei Erwachsenen und Kindern unterschiedlicher Partner aus früheren Beziehungen.

Doch ist auch diese Form vermutlich nur ein Übergangsstadium. Sie wird den epochalen Trend der Individualisierung nicht aufhalten. Männer und Frauen leben heute zunehmend mehr unter Bedingungen, die durch das traditionelle Familienmodell nicht mehr erfaßt werden können und die damit auch durch gesetzliche Regelungen des Familienrechts zusehends weniger geregelt werden können. Was immer hier erreicht worden sein mag, es hängt in der Luft, wenn der soziokulturelle Unterbau zerfällt. Das heißt dann, bezogen auf unsere These, daß das Terrain, in dem

Frauen sich eine gewisse Machtposition gegen die traditionell männliche Vorherrschaft erkämpft haben, einfach von der gesellschaftlichen Bildfläche verschwindet. Solche Diagnosen sind natürlich nicht unproblematisch. Sie basieren auf der Beobachtung von statistischen Trends, von Geburten- und Scheidungsraten, Eheschließungen, von Entwicklungen auf dem Arbeitsmarkt und Einkommensverteilungen. Derartige Zahlen sind aus mehreren Gründen mit Vorsicht zu genießen. Sie lassen sich unterschiedlich interpretieren und geben immer nur ein grobes und oft verzerrtes Bild der Realität wieder. Aber Veränderungen finden ihren Niederschlag nicht nur in statistischen Entwicklungen. Sie zeigen sich auch an exemplarischen Fällen oder im historischen Vergleich und erschließen sich dem aufmerksamen Blick auf den gesellschaftlichen Alltag.

Ein praktisches Sozialexperiment, das von jedem beobachtet werden konnte und das für unsere Fragestellung erhellende Einsichten liefert, ist die Entwicklung nach dem Zusammenbruch der DDR. Dort waren Frauen in allen wichtigen Bereichen des Arbeitslebens gleichberechtigt neben ihren männlichen Kollegen vertreten. Aber der Bereich der »Produktion« war in dieser Gesellschaft zugleich stark egalisiert. Im Vergleich zu westlich-kapitalistischen Systemen waren die Status-, Einkommens- und auch Machtunterschiede zwischen Arbeitern und Leitungskadern, wie man dort das Management nannte, gering. Insgesamt zeigte das Wirtschaftssystem der DDR im Vergleich zum Westen wenig Machtunterschiede. Dementsprechend hoch war der Anteil der Frauen. Im jetzt stattfindenden Transformationsprozeß, wie der Übergang zu freier Marktwirtschaft und demokratischer Ordnung bezeichnet wird, sehen wir eine Angleichung der Geschlechterverhältnisse an westdeutsche Standards: Die Arbeitslosigkeit bei den Frauen steigt stärker als bei den Männern, und entsprechend sinkt der Anteil der Frauen an der erwerbstätigen Bevölkerung; die Männer übernehmen die soziale Macht.

Derartige Entwicklungen, die Freiräume für die Frauen zunächst ermöglichten und sie dann mit dem Ende des jeweiligen Herrschaftssystems wieder kassierten, sind keine Erfindung der Gegenwart. Schon das kurzfristige Auflodern einer Befreiungsbewegung der Frauen des Adels am Vorabend der Französischen Revolution geschieht unter einem Regime, das marode war und kurz vor dem Ende stand. Die Freiheiten, die sich die extravaganten Damen der besseren Gesellschaft für kurze Zeit eroberten, verschwanden mit dem Regime, das sie ihnen gewährte. Die mit der Libertinage des Ancien régime einhergehende Befreiung der Frauen, ihr Gewinn an erotischer, sozialer und intellektueller Autonomie, die im Schutz der allgemeinen Lockerung der Vorschriften und Ordnungen blühte, wurde unter dem Tugendterror der guten Sitten, den die Revolutionäre nach ihrem Sieg entfachten, wieder begraben.[11]

Man kann die Verbesserung der rechtlichen Situation von Frauen im Verhältnis zu Männern in Beziehung setzen zum Bedeutungsverlust des Rechts, man kann den Vormarsch der Frauen in den unterschiedlichsten Bereichen beobachten und wird in vielen Fällen feststellen, daß diese Bereiche auf dem Weg ins gesellschaftliche Abseits sind. Es gibt sogar paradoxe Entwicklungen, wenn bestimmte typisch weibliche Tätigkeiten, sobald sie von Männern ausgeübt werden, plötzlich ein hohes Prestige genießen. Das klassische Beispiel sind hier die männlichen Meisterköche. Kochen wird, wenn es »auf hohem Niveau« und von Männern betrieben wird, zu einer anerkannten, lukrativen und prestigeträchtigen Tätigkeit. Und umgekehrt kann man ganze Berufsfelder betrachten und wird feststellen, daß durch ihre Feminisierung ihr gesellschaftliches Ansehen sinkt, daß Qualifikationsmerkmale und Tätigkeitsanforderungen zurückgehen. Entsprechende Überlegungen im Bereich der Entwicklung von Berufsfeldern stammen übrigens nicht aus der Feder chauvinistischer männlicher Autoren, sie sind ein Ergebnis der kritischen Frauenforschung. Eine Reihe von Autorinnen hat die Geschichte der verschiedenen Professionen untersucht und dabei festgestellt, daß es einen klaren Zusammenhang zwischen Feminisierung und Statusverlust gibt.[12]

Typische Belege für den Zusammenhang von niedrigem Status und hohem Frauenanteil sind die Felder der Sozialarbeit oder die sogenannten Pflegeberufe. Beiden wird in Sonntagsreden der Politiker hohe Anerkennung gezollt, in der Praxis aber sind die dort Beschäftigten, in der Mehrzahl Frauen, unterbezahlt, und das Prestige dieser Tätigkeiten ist gering. Auch zeigt sich in historischer Perspektive, daß bestimmte Berufe ursprünglich als Männerberufe entstanden waren und erst allmählich feminisiert wurden, so etwa die heute als typisch weiblich angesehenen Berufe der Friseuse, Sekretärin oder Kellnerin.

Sehr informativ ist in diesem Zusammenhang auch die Entwicklung in hochspezialisierten Tätigkeitsfeldern. So zeigt sich etwa im Bereich der Schriftsetzer, der klassischerweise nicht nur als typischer Männerberuf, sondern auch als mächtige Bastion des gewerkschaftlich-politischen Kampfs in der Arbeiterbewegung galt, daß mit der Einführung neuer elektronischer Technologien durch das Vordringen des Fotosatzverfahrens nicht nur das Prestige dieses Berufszweigs sinkt, sondern auch wieder Frauen auf dem Vormarsch sind.

Ein besonders prominentes Beispiel aus der jüngsten Vergangenheit ist ferner der Bereich der öffentlichen Kulturförderung. Zwar finden wir hier zunehmend Frauen auf den traditionell wichtigen Positionen der Kulturdezernenten in den Städten, gleichzeitig aber verliert die kommunale Kulturpolitik, die auf die Zuweisung öffentlicher Gelder angewiesen ist, an Bedeutung zugunsten des privat finanzierten Bereichs. Öffentliche Kulturpolitik wird mehr und mehr zur Mangelverwaltung.

Wenn zwei das gleiche tun – über geschlechtsspezifische Arbeitsteilung

Die Entwicklung der modernen Berufe und Professionen liefert eine Menge an Belegen für den Zusammenhang von Sozialprestige, Macht, Einkommen und Feminisierung, und zwar in doppelter Hinsicht. Manche Tätigkeiten, die heute traditionell als Domäne der Männer angesehen werden, waren zunächst von Frauen dominiert. Stieg dann durch erfolgreiche Professionalisierungsbemühungen die gesellschaftliche Bedeutung, so setzte entweder eine geschlechtsspezifische Differenzierung ein, durch die Frauen in die weniger bedeutenden Positionen abgedrängt wurden, oder Frauen verschwanden zunächst ganz aus den entsprechenden Bereichen. Das trifft etwa für den Bereich der Medizin zu, wo sich im Rahmen der Professionalisierung unterschiedliche Tätigkeitsbereiche mit unterschiedlichem Prestige und Status differenzierten. Männer sicherten sich in der Position der Ärzte die lukrativen, seriösen, wichtigen und prestigeträchtigen Tätigkeitsbereiche in den sich entwickelnden modernen Kliniken, während Frauen zusehends in die Pflegeberufe oder die medizinischen Hilfstätigkeiten verbannt wurden. Ein besonders deutliches Beispiel ist hier die Geschichte der Geburtshilfe. Während in diesem Bereich früher traditionellerweise Hebammen tätig waren, übernahmen mit der Professionalisierung der Medizin Männer als Fachärzte in den Kliniken die Herrschaft. Wir finden aber in der Gegenwart auch den gegenläufigen Prozeß: Frauen gewinnen Terrain in den Bereichen, die an Sozialprestige, Macht und Einfluß verlieren. Betrachten wir einige Beispiele. In den USA stellten gegen Ende des 19. Jahrhunderts Frauen mehr als die Hälfte des Lehrkörpers an den öffentlichen Schulen. Dementsprechend war ihnen auch der Zugang zu den entsprechenden Colleges und Universitäten im Vergleich zu Europa relativ einfach möglich. Doch spielte die höhere Schulbildung in dieser Gesellschaft im Vergleich zu europäischen Ländern, wie etwa Deutschland, keine allzu große Rolle als Verteilungsmechanismus für gesellschaftliche Machtpositionen. Dementsprechend niedrig waren in dieser Gesellschaft auch das Sozialprestige und das Einkommen des Lehrerberufs.[13]

In Deutschland sehen wir heute mit genügend historischer Tiefenschärfe den gegenläufigen Prozeß. Mit dem sich abzeichnenden Bedeutungsverlust des Bildungssystems als Filter für die Verteilung gesellschaftlicher Machtpositionen findet eine Feminisierung der pädagogischen Profession statt. Der Frauenanteil am Lehrpersonal der öffentlichen Schulen steigt kontinuierlich. Natürlich gibt es auch das sprichwörtliche Bild des männlichen armen Schullehrers. Aber der wichtige Unterschied ist hier der, daß in jenen Bereichen des sich entwickelnden Bildungssystems, in denen über die spätere gesellschaftliche Position der Schüler entschieden wurde – in den städtischen Gymnasien –, die Lehrer alle männlich waren und ein relativ hohes Prestige genossen, das mit dem des Schulmeisters in der Dorfschule nicht vergleichbar war.

Vergleicht man die Entwicklung in den Bereichen der juristischen und medizinischen Professionen, die beide als relativ prestigeträchtig gelten, in unterschiedlichen Gesellschaften zu verschiedenen Zeiten, so zeigt sich deutlich, daß auch hier der Frauenanteil regelmäßig mit dem Wandel der gesellschaftlichen Rolle variiert. Nehmen wir als Beispiel wieder die USA, wo das Berufsjuristentum gesellschaftlich keine allzu große Rolle spielte, weder in der Rechtspflege noch in der staatlichen Verwaltung. Erstens war dort die staatliche beziehungsweise öffentliche Verwaltung nicht so stark entwickelt wie in Europa, und zweitens wurden die entsprechenden Beamten oft auf kommunaler Ebene gewählt und hatten keinen Beamtenstatus, wie wir ihn in Deutschland kennen. Noch im Jahr 1920 war in keinem Bundesstaat der USA der Besuch einer Law School Voraussetzung für die Zulassung zum Anwaltsberuf. Erforderlich war lediglich eine formale Prüfung bei den zuständigen lokalen Gerichtsbehörden. Ein High-School-Abschluß aber war als Zulassungsvoraussetzung nicht nötig, wenn man eine derartige Prüfung ablegen wollte.[14] Die Justiz etwa lag (und liegt) in den USA stärker in den Händen von Laien, verbeamtete Fachleute spielen eine relativ geringere Rolle. Entsprechend gelang es Frauen bereits im Jahr 1869 in einigen amerikanischen Bundesstaaten, als Anwältinnen zugelassen zu werden.

Mit zunehmender Professionalisierung des Anwaltsberufs und der juristischen Profession insgesamt aber sanken die relativen Chancen von Frauen zusehends. Die renommierten Law Schools der amerikanischen Universitäten, über die sich der Eintritt zu den prestigeträchtigen Law Firms, den angesehenen Anwaltskanzleien, eröffnete, verweigerten Frauen dementsprechend hartnäckig den Zugang. Harvard, eine der anerkanntesten privaten Hochschulen in Amerika, öffnete die Pforten seiner Law School erst 1950 für Frauen und legte zudem eine niedrige Aufnahmequote für Frauen fest. Heute finden wir hier klare geschlechtsspezifische Differenzen. Frauen sind als Rechtsanwältinnen stärker in jenen Bereichen vertreten, in denen die Verdienstmöglichkeiten gering sind, im Familien- und Sozialrecht. Von männlichen Juristen dominiert sind hingegen nach wie vor Rechtsgebiete wie das Wirtschaftsrecht, das ganz andere Verdienstmöglichkeiten eröffnet.

In Deutschland ist zwar der Anteil der Richterinnen und Staatsanwältinnen von den sechziger bis in die neunziger Jahre von etwa 3 auf über 20 Prozent gestiegen, doch geht damit ein allgemeiner Prestige- und Statusverlust einher. Insbesondere die Staatsanwaltschaft, die heute mit mehr als einem Viertel weiblicher Anklagevertreter den höchsten Frauenanteil aufweist, hat an Ansehen verloren. Staatsanwälte sind weisungsgebunden, sie haben in der Öffentlichkeit ein schlechtes Image und sind in der Justiz selbst nicht sehr hoch angesehen. Im Vergleich zu den unabhängigen und von keinerlei Weisungen abhängigen Richtern sind Staatsanwälte an die Vorgaben der Justizministerien gebunden.[15] Der steigende Anteil von Frauen im Anwaltsberuf verläuft parallel zur sogenannten »Anwaltsschwemme«, die Zahl der zugelassenen Rechtsanwälte stieg in den letzten zehn Jahren erheblich, es kamen mehr Frauen in diesen Bereich, und das Sozialprestige ebenso wie die Verdienstmöglichkeiten gingen zurück.

Auch im Bereich der medizinischen Ausbildung finden sich etwa in Amerika zunächst frühe Ansätze zu einer Öffnung des Arztberufs für Frauen. Bereits 1847 ließen einige Medical Schools Frauen zum Studium zu. Allerdings galt der Beruf des Arztes zu dieser Zeit nicht als ein besonders prestigeträchtiger. Das Spektrum der medizinischen Tätigkeiten deckte ein weites Feld ab. Hier tummelten sich Kräuterheiler, Ärzte und Anhänger der unterschiedlichsten Heilmethoden in einem unstrukturierten und staatlich nicht kontrollierten Bereich.[16] Es gab in der zweiten Hälfte des 19. Jahrhunderts sogar einige Women's Medical Colleges, an denen speziell Frauen zu Ärztinnen ausgebildet wurden. Mit zunehmendem Einfluß der ärztlichen Standesorganisationen aber veränderte sich diese Situation, und als das Sozialprestige der Mediziner und auch ihre Einkommensmöglichkeiten aufgrund einer gezielten Politik der Professionalisierung ihrer Ausbildung und Tätigkeit stiegen, entstanden neue Barrieren für Frauen. Durch die Konzentration der Ausbildung an den staatlich anerkannten Universitätskliniken und die Verbindung von akademischem Abschluß und Berechtigung zur medizinischen Berufsausübung wirkten sich die geschlechtsspezifischen Zulassungsbeschränkungen negativ für die Frauen aus. Wer keinen Zugang zur medizinischen Ausbildung hatte, konnte nicht als Arzt praktizieren und im Rahmen des staatlich gesicherten Gebührenwesens abrechnen. Damit waren Frauen aus der medizinischen Profession als Ärztinnen ausgeschlossen. Sie blieben dort präsent, waren aber nur auf den »unteren« Stufen als Krankenschwestern und medizinische Assistentinnen vertreten.

Vergleicht man diese Entwicklung mit der Situation in Deutschland, so zeigt sich ein deutlicher Unterschied. Aufgrund des hier typischen Systems der staatlichen Verwaltung durch einen hierarchisch strukturierten Beamtenapparat, der den Zugang zu allen wichtigen Positionen kontrollierte, blieben Frauen von allen akademischen Positionen im 19. Jahrhundert weitgehend ausgeschlossen. Es gab im deutschen Kaiserreich keine Ärztinnen, Rechtsanwältinnen, Richterinnen, Lehrerinnen oder Beamtinnen im höheren Staatsdienst. Erst im Jahr 1899 wurden Frauen in Deutschland zum medizinischen Staatsexamen zugelassen – übrigens gegen massiven Widerstand der männlichen Professorenschaft! Zugang zur juristisch gebildeten Verwaltungselite erhielten Frauen in Deutschland formal erst 1922, faktisch aber blieben sie von diesen Positionen weiterhin ausgeschlossen. Wenn Frauen sich den Zugang zu akademischen Abschlüssen erkämpften, so blieb das meist nicht ohne Folgen auf das jeweilige Berufsbild. So wurde zum Beispiel die weibliche Form der »Chemikerin« noch zu Beginn des 20. Jahrhunderts als Synonym für eine Laboratoriumshilfskraft verwendet. Als Frauen dann zum vollwertigen akademischen Studium der Chemie zugelassen wurden, befürchteten die männlichen Standesvertreter eine Abwertung ihres Berufsstandes. Sie dürften, so ein männlicher Vertreter dieser Disziplin, nicht »den Männern die Stellen fortnehmen oder sie gar in ihrer Entlohnung kürzen«.[17]

Was in Deutschland das von Juristen monopolisierte Berufsbeamtentum war, war in Großbritannien die adlige Oberschicht der aristokratischen Gentlemen. Dementsprechend finden wir auch hier eine relativ späte Öffnung des öffentlichen Diensts für Frauen. Erst in den zwanziger Jahren dieses Jahrhunderts erhielten Frauen die Möglichkeit, sich dort für höhere Positionen in der sogenannten Administrative Class zu bewerben. Allerdings gab es in Großbritannien im Bereich des schulischen Bildungssystems, ähnlich wie in den USA, schon im 19. Jahrhundert eine relativ hohe Repräsentation von Frauen. Ausgeschlossen blieben Frauen als Lehrerinnen allerdings aus dem System der angesehenen Privatschulen, die nach wie vor dem männlichen Nachwuchs und männlichem Lehrpersonal vorbehalten blieben. Absolventen dieser Bildungsanstalten bildeten die politische und wirtschaftliche Elite des briti-

schen Reichs. Dementsprechend hatten Frauen dort nichts verloren.
Ein ähnliches Bild ergibt sich für Frankreich, wo zwar Mädchen Zugangsmöglichkeiten zu weiterbildenden Schulen hatten, von den Eliteschulen, den Grandes Ecoles, die den Zugang zu den höheren Positionen in Wissenschaft, Politik und Verwaltung regelten, bis ins Jahr 1908 aber ausgeschlossen blieben.
Wenn diese Beispiele typisch sind und die dahinterstehenden Überlegungen eines negativen Zusammenhangs von gesellschaftlicher Macht und Frauenanteil stimmen, dann müßte auch die Gegenprobe möglich sein. Wenn also in jenen gesellschaftlichen Bereichen, die an Bedeutung verlieren, wo Gestaltungs-, Verdienst- und Einflußmöglichkeiten geringer werden und die durch einen Machtverlust gekennzeichnet sind, der relative Frauenanteil steigt, dann sollten sich ebenfalls Bereiche identifizieren lassen, die nach wie vor von Männern dominiert sind.
Wie sieht es heute aus in den Vorstandsetagen der großen Unternehmen, die für die wirtschaftliche Entwicklung eine Leitfunktion haben, im Zentralbankrat, an der Börse und generell in den höheren Etagen der Macht, im öffentlichen Dienst, im Bildungswesen, an den Universitäten? Wie wir bereits gesehen haben, sinkt der Frauenanteil in allen Organisationen und Institutionen, je höher man die Hierarchie hinaufklettert. Es gibt jede Menge Studentinnen, aber weniger wissenschaftliche Mitarbeiterinnen, und auf der Ebene der Professorenstellen sinkt der Frauenanteil weiter. Es gibt viele Lehrerinnen und auch noch eine ganze Reihe an Schuldirektorinnen, aber in den Bereichen darüber nimmt der Frauenanteil rapide ab. In den Bereichen, die dem öffentlichen Dienst zugerechnet werden, in denen also gesetzliche und bürokratische Regelungen noch eine gewis-

se Wirkung entfalten, haben es Frauen oft leichter als in der Wirtschaft. Auch hier hatten wir gesehen: Der Frauenanteil im mittleren Management nimmt zu, in den Führungsetagen darüber wird es dünn. Angesichts des Bedeutungsverlusts, den das sogenannte mittlere Management derzeit infolge von Restrukturierungstendenzen in den großen Unternehmen erfährt, gewinnen Frauen also auch hier Boden auf einem Terrain, das dabei ist, an Bedeutung zu verlieren. Der Abbau von Hierarchieebenen ist nicht nur Ausdruck von neuen flexiblen, kommunikativen und egalitären – und das heißt: tendenziell weiblichen – Umgangsformen im Management, er geht mit einer stärkeren Belastung der Arbeitskräfte einher, die mit der neu gewonnenen Flexibilität im elastischen Mittelbau des flexibilisierten Unternehmens auch mehr in Eigenregie zu erledigen und zu leisten haben.
Im Zentralbankrat der Bundesbank, einem der wichtigsten und mächtigsten Gremien in der Bundesrepublik, ist keine einzige Frau vertreten. Im vierzehnköpfigen Aufsichtsrat von BMW, einem der weltweit erfolgreichsten Unternehmen der Automobilbranche, finden sich zwei Frauen, eine davon als gewerkschaftliche Vertreterin der Arbeitnehmerseite; im Vorstand gibt es kein einziges weibliches Mitglied. Ähnliches zeigt sich bei anderen Unternehmen. Im zwanzig Mitglieder umfassenden Aufsichtsrat der Firma Siemens ist – ebenfalls als Vertreterin der Arbeitnehmer – lediglich eine Frau zu finden.
Jeder Blick auf das Börsenparkett zeigt deutlich: Hier herrschen Männer. Im Führungsgremium der New Yorker Börse, dem Board of Directors, bestehend aus sechsundzwanzig Mitgliedern, sind gerade mal zwei Frauen vertreten, beide übrigens als »public representatives«, also nicht als Repräsentantinnen der Industrie, sondern der Politik.
Alle diese Beispiele machen deutlich, daß man den schein-

baren Erfolg der Frauenbewegung immer vor dem Hintergrund der gesellschaftlichen Entwicklung sehen muß. Was als Gewinn neuen Terrains erscheint, ist möglicherweise nichts anderes als das Nachrücken der feministischen Truppen in bereits verlassene Regionen. Die Zitadellen der Macht sind verlassen, wenn sie erobert werden, die Macht ist mit den Männern ausgewandert, und Frauen konkurrieren mit dem noch verbliebenen männlichen Personal um die vorhandenen Positionen. Bestenfalls entwickeln sich dann befreite Soziotope einer autonomen Weiblichkeit, und schlimmstenfalls werden Frauen alibihaft als Vorzeigefrauen in männliche Runden geholt. Jedes Gremium hält sich dann aus Gründen der Gender Correctness seine eigene Quotilda.

Dekorativer Feminismus: Das Leichentuch der Gesellschaft?

Soziale Kälte ist eines der häufig zu hörenden Schlagworte in der Diskussion um die vermeintlichen Fehlentwicklungen moderner Gesellschaften. Der Abbau des Wohlfahrtsstaates, der Zerfall von sozialen Netzwerken, die Individualisierung und Vereinzelung der Menschen in unserer Gesellschaft, all das verdichtet sich zu einem Bild der von brutaler Ellbogenmentalität geprägten Gegenwart. Es herrscht, wie die französische Journalistin Viviane Forrestier es in ihrem gleichnamigen Buch formuliert, der *Terror der Ökonomie*. Wenn wieder einmal ein Rentner gefunden wird, der wochenlang und von seinen Nachbarn unbemerkt tot in seiner Sozialwohnung gelegen hat, hallen die Klagelieder über soziale Kälte und Vereinsamung durch die Medien. In Leitartikeln und Talkshows wird der Zerfall des Sozialen beklagt, wird ein sich ausbreitender Egoismus, eine allgegenwärtige Rücksichtslosigkeit diagnostiziert, die dazu führte, daß derartige Dinge geschehen könnten. Früher, so der Tenor dieser Klagen, wäre das nicht passiert. In seinen aufgeklärteren Varianten verweist dieses Klagelied auf die Ökonomisierung aller Lebensbereiche als Ursache für den Verfall oder, wie manche es pathetisch formulieren, den Tod des Sozialen.[18] Überall herrscht der Markt, und der kennt keine Rücksicht und keine Verantwortung für die Schwachen. Die werden an den Rand gedrängt und müssen sehen, wo sie bleiben.

Das Soziale, so scheint es und so wird beklagt, ist auf dem absteigenden Ast: Sozialversicherung, Sozialfürsorge, Sozialstaat, Sozialhilfe, soziale Gerechtigkeit, soziales Gewissen – all diese Begriffe, die für die Selbstbeschreibung moderner Gesellschaften noch bis vor nicht allzu langer Zeit mit einem durchaus positiven Unterton gebraucht wurden, klingen heute irgendwie leer oder fordern Kritik heraus. Es herrscht der Markt, und der wird zusehends grenzenlos. Das hat zur Folge, daß sich die Gesellschaft selbst als sozialer Bezugspunkt auflöst. Es war übrigens eine Frau, die dies zu ihrem politischen Programm erhob. Von der ehemaligen britischen Premierministerin Margaret Thatcher stammt der berühmte Ausspruch, es gebe keine Gesellschaft. Was existiere und für die Politik Bedeutung habe, seien einzelne Individuen, die Familie und der Markt.

Diese Entwicklung provoziert Gegenströmungen. Eine der bekanntesten breitet sich unter dem Namen Kommunitarismus aus. Die Konjunktur dieser neobiedermeierlichen Sozialtechnologie hat ihren Ursprung in den USA. Sie wird dort inzwischen von einer Reihe von politischen Organisationen propagiert, die für eine Renaissance des alten Gemeinschaftsdenkens werben. Kommunitarismus heißt nichts anderes als die Wiederbelebung traditioneller Werte von nachbarschaftlicher Verantwortung, Familienzusammenhalt, Engagement für den Nächsten und natürlich auch Rückgabe von Verantwortung an die Menschen vor Ort. Nicht mehr der Staat oder die anonyme Bürokratie sollen die Sorge für unser Wohlergehen tragen, sondern wir selbst sind aufgefordert, uns darum zu kümmern, daß alles mit rechten und gerechten Dingen zugeht. Es bedarf nur einer milden Stilisierung, um diese neue Ideologie als weibliche Form der Vergemeinschaftung zu identifizieren – auch wenn ihre Hauptprotagonisten, wie der bekannte amerikanische Soziologe Amitai Etzioni, Männer sind. Nicht mehr abstrakte Rationalität, sondern Nestwärme, nicht mehr Konkurrenz, sondern Solidarität, nicht mehr Ausbeutung, sondern Hilfe, nicht mehr Egoismus, sondern Kümmern um den anderen sollen unser Handeln bestimmen. Die Wiederentdeckung des quasi familiär-intimen sozialen Nahraums als Hort und Bezugsrahmen des sozialen Lebens erscheint wie das Klischee des Weiblichen schlechthin. Es ist die Mutter, die die Familie zusammenhält, die sich um alle sorgt, die Zuneigung spendet, ohne mit ökonomischem Kalkül Gegenleistungen dafür aufzurechnen, die die Ihren vor der bösen Welt da draußen schützt und die ängstlich und mißtrauisch jeden Schritt der Brut in die bedrohliche Fremde beäugt.

Die Parallelen ließen sich beliebig fortsetzen. Ob sie richtig sind, steht nicht zur Debatte. Worum es geht, ist ihre – wenn auch falsche – Plausibilität. Was sich hier abzeichnet, ist eine spezifische Form des Sozialen, die das Konkrete gegen das Universelle und Abstrakte setzt, die Intimität gegen die Öffentlichkeit, den geschützten Nahraum gegen die Kühle der abstrakten Außenwelt. Vor allem: Soziales Engagement orientiert sich nicht mehr an den abstrakten

Ideen der gerechten Gesellschaft, der Freiheit und Gleichheit für alle. Der persönliche und politische Einsatz gilt vielmehr den Seinen, den Freunden, Nachbarn und Gleichgesinnten.

Die Konjunktur des Kommunitarismus und der Ideologie des Nahraums ist Ausdruck von tiefgreifenden Veränderungen in der Gesellschaft. Der Erfolg des Feminismus und der Aufschwung der Frauenbewegung in den siebziger und achtziger Jahren lassen sich als Vorläufer dieser Veränderungen begreifen.

Legen wir unsere kritische Optik an, sollten wir dementsprechend mit diesem Wandel der Gesellschaft auch gravierende Folgen für die Techniken der Herrschaft und Machtausübung finden. Unter den Bedingungen einer wohlfahrtsstaatlich verfaßten Gesellschaft, in der alle Menschen den theoretisch gleichen Anspruch auf Anerkennung, auf staatliche Transferleistungen und soziale Sicherheit haben, ist die Frontlinie des Kampfes zwischen Männern und Frauen klar und deutlich zu ziehen. Es geht um die Anerkennung und Inklusion der Frauen in die Gruppe der vollwertigen Mitglieder der Gesellschaft. Der Kampf um das Wahlrecht, um Zugang zu öffentlichen Ämtern, um rechtliche und ökonomische Gleichstellung ist ein Kampf um Einbeziehung in die Gesellschaft, um gleiche Rechte und Ansprüche, um gleiche Chancen des Zugangs zu Fleischtöpfen und Karrieren. Dieser Kampf hat und macht Sinn, wenn er unter den Bedingungen einer auf Gleichheit, Gerechtigkeit und allgemein gleicher Chancenverteilung basierenden Gesellschaft geführt wird.

Wenn sich aber nun, wie es im Moment zu beobachten ist, eine Wende abzeichnet – von einer Gesellschaft, die auf staatlich garantierten sozialen Ausgleich, auf soziale Gerechtigkeit und soziale Sicherheit setzte, hin zu einer Gesellschaft, in der jede und jeder einzelne immer weitgehender ohne ausreichende staatlich garantierte Risikovorsorge mehr oder weniger zwangsweise zum Schmied seines Glücks, zum Unternehmer seiner selbst und zum risikofreudigen Individualisten wird –, dann wird die Forderung nach sozialer Gerechtigkeit entlang der Geschlechterlinien zusehends obsolet. Die Einbeziehung der Frauen in die Rentenversicherung oder die Anrechnung von Erziehungszeiten auf die staatliche Rente wird in dem Moment bedeutungslos, wo staatliche Sicherungssysteme durch private Vorsorge ersetzt werden; der Kampf um gleiche Zugangschancen verliert an Bedeutung, sobald der Staat als Garant gerechter Verteilungen an Macht verliert.

Man kann sogar so weit gehen, daß man die spezifische Konjunktur der Frauenbewegung in der öffentlichen Diskussion selbst als einen Ausdruck des Zerfalls des Sozialen sieht. Der Kampf um Abbau von Ungleichheit, Ungerechtigkeit und Benachteiligungen wird nicht mehr im Namen universeller Menschenrechte und allgemeiner Prinzipien sozialer Gerechtigkeit geführt, die für alle Menschen gelten sollen, sondern es werden Differenzierungsmerkmale herangezogen, die letztlich auf biologischen oder natürlich gegebenen Kriterien basieren. Männer gegen Frauen tritt als Kampflinie an die Stelle des Kampfes gegen allgemeine Ausbeutung und Ungerechtigkeit, an der die Frauenbewegung vor hundert Jahren angesetzt hatte. Den Horizont der Politik bilden nicht mehr die allgemeinen, unveräußerlichen und allen Menschen zustehenden universellen Rechte, sondern die konkrete Situation von Frauen als gleichsam eigenständiger anthropologischer Kategorie.

Aber derartige Diskussionen und Kontroversen verlieren an Gewicht und Bedeutung. Die Gesellschaft zerfällt in isolierte Individuen einerseits, in kleine, nahräumig strukturierte Soziotope der unmittelbaren Initimität andererseits. Damit strukturiert sich das Feld der Kontroversen neu. An die Stelle der Differenz von Männern und Frauen tritt die geschlechtsneutrale Konkurrenz der isolierten risikogesellschaftlichen Individuen. Konnte man vor dem Hintergrund struktureller Benachteiligungen die Ideale der Gleichheit und umfassenden Gerechtigkeit bemühen, konnte man auf die staatliche Verantwortung pochen und an die sozialstaatlichen Versorgungssysteme appellieren, so bleibt heute nur mehr der Aufruf, sich selbst um die eigenen Angelegenheiten zu kümmern. Das geschieht dann im Namen lokaler, kultureller oder sonstiger Gemeinsamkeiten. Die Gesellschaft wird zum Zoo mit verschiedenen, untereinander abgegrenzten Freigehegen, bewohnt von mehr oder weniger exotischen Gattungen: Alleinerziehende, Schwule, HIV-Positive, Vegetarier, Arbeitslose, Lebens- und Naturschützer – alle vereinigt im Kampf um öffentliche Aufmerksamkeit, Zuwendung und Anerkennung.

Die Individualisierung fördert neue Haltungen. No risk, no fun, dieser Schlachtruf schallt heute all denjenigen entgegen, die auf allgemeine Berechenbarkeit, auf flächendekkende soziale Sicherheit und universelle Gerechtigkeit pochen. Frauen gelten unter diesen Bedingungen nicht mehr im traditionellen Sinne als benachteiligt, sie werden zu einer Konkurrenten- und Konsumentengruppe unter anderen. Das neue Regime der hochgradig individualisierten Gesellschaft wertet die Frauen auf, stellt sie den Männern gleich. Doch ist das Ergebnis anders, als es sich die politisch motivierte Frauenbewegung erhofft hatte. Gleichheit wird nicht mehr in erster Linie definiert über gleiche Chancen, gleiche Rechte und gleiche Ansprüche. Gleichheit herrscht jetzt vielmehr in bezug auf die Unberechenbarkeit der eigenen Existenz und Biographie. Auch Frauen werden freigesetzt aus den sicheren Bezügen von Tradition und herkömmlicher Ordnung. Gegen diese Traditionen hatte die Frauenbewegung gekämpft, weil sie die Männer privilegierten. Nun aber, mit dem Zerfall der Traditionen, haben Männer und Frauen eine Gleichheit erreicht, die sie als individuelle Marktteilnehmer dem rauhen Wind der Konkurrenz aussetzt.

Das wird deutlich, wenn man aufmerksam die Werbung betrachtet. Frauen werden als konsumkräftige Zielgruppe entdeckt, die mit ihren Geschlechtsrollenstereotypen spielerisch umzugehen vermag. Diese konsumgesellschaftliche Aufwertung teilen sich Frauen mit Schwulen, Jugendlichen, Rentnern, Singles und Familien. Der Kampf um Gleichberechtigung verliert damit seinen Maßstab und seinen Bezugspunkt. Es geht nicht mehr um Gerechtigkeit und Gleichberechtigung, sondern um ungehinderten Zugang zu Marktpositionen auf den Märkten der sexuellen Attraktivität, der sozialen Anerkennung, der Karriere- und Konsumchancen. Das Ziel ist nicht mehr soziale Gerechtigkeit, sondern ein angemessener »share of voice«, das heißt Anerkennung und Gehör im vielstimmigen Konzert der Minderheiten.

Das hat ambivalente Folgen. Einerseits lösen sich traditionelle Machtbeziehungen wie etwa die zwischen Männern und Frauen in ihren institutionalisierten Formen auf, andererseits wird es schwierig, im Namen kollektiver Interessen, etwa im Namen der Frauen, für eine Verbesserung zu kämpfen. Einerseits löst die Individualisierung Frauen aus dem traditionellen Gefüge der männlich zentrierten Kleinfamilie heraus, andererseits sind sie damit als Individuen allein und mehr oder weniger auf sich selbst gestellt.

Nun führt die fortschreitende Individualisierung zwar zu einer weitgehenden Isolierung der Individuen, die mit zunehmend weniger Möglichkeiten des Rückgriffs auf staatlich garantierte Leistungen und Ansprüche darauf angewiesen sind, für sich selbst zu sorgen. Auf der anderen Seite gewinnt aber der soziale Nahraum an Bedeutung. Das reicht von Stadtteilfesten über selbstorganisierte Kindergärten und die sogenannte gemeindenahe Kriminalitätsbekämpfung bis zur Vergabe von Parklizenzen an Anwohner. Im Deutschen hat sich hierfür noch kein suggestiver Begriff eingebürgert, der wie im Englischen das Wort »Community« als Zauberformel für die Lösung aller Probleme dienen kann, die mit dem Zerfall übergreifender Sicherungssysteme einhergehen. Am ehesten vergleichbar ist hier die Konjunktur der Rede von Selbstorganisation und Selbsthilfe in den unterschiedlichsten Bereichen. Selbstorganisation ist ein Zauberwort, das alle Mängel anderer Organisationsformen vermeiden soll. Der autonome Frauenbuchladen, das selbstorganisierte Frauenhaus, die selbstorganisierte Krabbelgruppe, das selbstorganisierte Frauennetzwerk haben zwar ihren Ursprung in der Kritik an autoritären, den Bedürfnissen der Menschen nicht gerecht werdenden Formen der Dienstleistung. Sie waren eher ein Ersatz für wahrgenommene Defizite als eine gezielt angestrebte Lösung für soziale Bedürfnisse. Aber unter den Bedingungen des zerfallenden Sozialstaats und der sogenannten »responsabilisierten« Gesellschaft verbreiten sie heute einen neuen Charme, der staatlichen Einrichtungen weitgehend fehlt.

Diese neue Konjunktur des »Selbst« als basisorientierte Organisationsform kommt Frauen in gewisser Weise entgegen. Sie steht gegen die unpersönliche Bürokratie, erweckt den Eindruck von Eigenständigkeit und Unabhängigkeit. Sie weckt Hoffnungen auf Vernetzungen, die von unten nach oben sich zu einer großen Bewegung verdichten. Sie betont den lokalen Zusammenhalt, das persönliche Engagement für ein unmittelbares Ziel – alles Momente, die positiv besetzt sind und eher mit Frauen als mit Männern identifiziert werden. Es gibt weltweit operierende Organisationen, wie etwa den Global Fund for Women in den USA, die sich die Entwicklung solcher Kleinprojekte zum Ziel gesetzt haben und die weltweit versuchen, entsprechende Initiativen zu fördern. Das reicht dann vom Women's Media Watch in Jamaika bis hin zum Rehabilitationszentrum für die Opfer sexueller Gewalt in Moskau, die jeweils mit Beträgen von 10 000 Dollar unterstützt werden. Die meisten dieser Gruppierungen haben eine Verstärkung der öffentlichen Aufmerksamkeit für die unterschiedlichen Anliegen der Frauen als eines ihrer Hauptziele definiert. Sie sind getragen von der Hoffnung, daß die Emanzipation oder das Ende der Unterdrückung nicht zuletzt auch in den Köpfen der Männer beginnt. Ob diese Strategie erfolgversprechend ist, scheint fraglich.

Stammtisch und Kaffeekränzchen

Wie funktionieren »männliche« und »weibliche« Formen der Selbstorganisation? Was unterscheidet Stammtische von Kaffeekränzchen, wenn man sie als Idealtypen betrachtet, wie funktionieren Männerrunden im Gegensatz zu Frauenrunden, wenn man sie als Bausteine geschlechtsspezifischer Kontakt- und Kommunikationsnetzwerke begreift?

Das zentrale Unterscheidungsmerkmal dürfte die Orientierung nach innen sein, die für Frauengruppen typisch ist. Zwar sind auch männliche Stammtische geschlossene Gesellschaften, zu denen nicht jeder Zugang hat, doch findet sich hier eine spezifische Art der Außenorientierung, die für Frauengruppen eher untypisch ist. Die Rede von Frauen- und Männergruppen ist sicherlich stark vereinfachend, und es lassen sich sowohl in der Gegenwart als auch im historischen Rückblick Beispiele finden, die diese Deutung widerlegen. Man denke in diesem Zusammenhang nur an die Salons großbürgerlicher oder adeliger Damen, die wichtige Orte des kulturellen und sozialen Austauschs und der Politik waren. Auch läßt sich ein als typisch weiblich stilisierbares Strukturmuster der Frauengruppe in sogenannten Männergruppen nachweisen, deren wesentliches Thema die Reflexion der eigenen Beschaffenheit als Mann ist. Männer treffen sich dort, um sich ihrer Identität als Mann zu vergewissern, sie kritisch zu hinterfragen und letztlich an einer politisch korrekten Perfektionierung ihrer Rolle als Vater, Ehemann und Mensch zu arbeiten. Oft geschieht das unter der Perspektive, die eigenen weiblichen Anteile zu entdecken und zu kultivieren.

Doch läßt sich durch die Überzeichnung der Unterschiede zwischen männlichen und weiblichen Sozialformen deutlich machen, wie informelle männliche Machtkartelle entstehen können. Wer je auf dem Dorf gelebt hat und dort am Stammtisch gesessen hat, wer das ambivalente Vergnügen hatte, an den Treffen einer der traditionellen Studentenverbindungen oder sonst einer exklusiven männlichen Runde teilzunehmen, kennt den Unterschied zwischen Innen- und Außenorientierung. In grober Stilisierung könnte man sagen: Männer tun sich zusammen, um ihre Ressourcen und Kontakte zum eigenen Vorteil zu nutzen, Frauen treffen sich, um sich gegenseitig der Gemeinsamkeit ihrer Situation zu versichern oder sich für verallgemeinerbare Anliegen zu engagieren. Diese Orientierung kann man selbst bei solchen Gruppierungen finden, die explizit politi-

sche Anliegen vertreten. »Mütter gegen Atomkraft« nannte sich eine prominente Gruppierung, die nach dem Unfall im Atomkraftwerk in Tschernobyl in der Öffentlichkeit auftrat. Die Art, in der hier ein politisches Anliegen präsentiert wurde, erscheint plausibel: Mütter engagieren sich – im Namen der Gesundheit ihrer Kinder – gegen eine bestimmte Technologie. Kann man sich vorstellen, daß unter einem ähnlichen geschlechtsdifferenzierenden Etikett eine Bewegung entsteht, etwa »Männer gegen Tierversuche« oder »Väter für das Tempolimit auf Autobahnen«?
Wer auf dem Dorf den kurzen Weg zu einer Baugenehmigung oder sonst einem Verwaltungsakt der Gemeindebehörden sucht, der ist gut beraten, wenn er seine Stammtischbrüder konsultiert. Entweder sitzt der entsprechende Bedienstete mit am Tisch, oder einer der Anwesenden kennt den richtigen Mann und kann den informellen Kontakt herstellen. Männer verstehen es, die Stärke schwacher Verbindungen zu nutzen. Männerbünde, seien es Professorenrunden, Golf- oder Tennisclubs, Studentenverbindungen, Lions- oder Rotary-Clubs, sind immer Variationen der prototypischen Form des Stammtischs. Man trifft sich in exklusiven Runden, um Informationen auszutauschen, die eigenen Kontakte zur Verfügung zu stellen und die der anderen zum eigenen Vorteil zu nutzen. Dies geschieht unter Ausschluß der allgemeinen Öffentlichkeit, und so lassen sich Strategien entwickeln, die nur deshalb funktionieren, weil sie nicht jedermann bekannt sind.
Schon Immanuel Kant hatte das Kriterium der Öffentlichkeit zum Prüfstein legitimer Politik gemacht: Nur etwas, dem alle zustimmen können, habe die Qualität, um es zum allgemeinen Gesetz zu erheben. Männerrunden unterlaufen genau dieses Prinzip. Sie einigen sich auf Strategien, die nur für die Anwesenden von Vorteil sind und die meist

nicht am allgemeinen Interesse orientiert sind. Die Logik von Frauengruppen ist hier vollkommen anders. Etwas verkürzt könnte man sagen: Frauen haben eine »beste Freundin«, der sie sich anvertrauen, aber das sprichwörtliche Kaffeekränzchen als soziale Form ist für Frauen nicht der Boden, auf dem dauerhafte und vor allen Dingen nützliche Kontaktnetzwerke wachsen.

Soziale Zusammenschlüsse von Frauen sind, wenn man so will, in erster Linie identitäts- und erst in zweiter Linie strategieorientiert. Ihr Anliegen ist es, die individuell erfahrene Lebenssituation als gemeinsame zu konstruieren. Frauengruppen haben für ihre Mitglieder die Funktion der Bestätigung und Reflexion. Sie entwickeln sich eher wie Selbsterfahrungsgruppen und nicht wie strategische Seilschaften. Wenn sie eine Außenwirkung entfalten, dann häufig im Sinne eines symbolischen Appells: Seht her, das ist unser Problem als Frauen, Mütter, Ehegattin, Alleinerziehende, doppelt Belastete, Lesbe oder Berufstätige! Unser Anliegen ist verallgemeinerungsfähig, jeder sollte uns zustimmen! Hier herrscht die Hoffnung auf die Kraft der Einsicht, eine schwache Kraft, verglichen mit den Strategien der Männer. Mit Botschaften dieser Art treten Frauengruppen an die Öffentlichkeit in der Hoffnung, dort zunächst Gehör und Anerkennung und dann Unterstützung für ihr Anliegen zu finden. Ihr einziges Druckmittel ist der zwanglose Zwang des guten Arguments oder die moralische Nötigung.

Während Frauen die Vorderbühne besetzen, haben Männer an ihren Stammtischen in der Kulisse schon längst die Fäden gezogen. Es entbehrt dabei nicht einer gewissen Ironie, wenn Frauen versuchen, männliche Strukturmuster zu kopieren und öffentlich dazu aufrufen, dem männlichen Modell der »old boys' networks« nachzueifern. Dieses Modell funktioniert nämlich nur, weil es unter Ausschluß der Öffentlichkeit operiert. Ebenso könnte man versuchen, durch öffentliche Aufrufe mafiose Strukturen wie die Omertà, die Verpflichtung zur Verschwiegenheit gegenüber Außenstehenden, durch Anzeigen und Aufrufe in der Zeitung zu etablieren.

Heroinen und Herrinnen – Bilder und Zerrbilder weiblicher Macht

Würde man die Frage »Wer oder was fällt Ihnen zum Thema Macht ein?« im Rahmen einer Bevölkerungsumfrage stellen, kämen mit hoher Wahrscheinlichkeit Antworten, die sich auf Männer beziehen. Der amerikanische Präsident wird gemeinhin als mächtigster Mann der Welt bezeichnet, den russischen nennt man immerhin noch den mächtigen Mann im Kreml, und in der allgemeinen Vorstellung tauchen in aller Regel Männer auf, wenn es um Macht geht. Man wird Bill Gates als mächtigen Mann bezeichnen, nicht aber Mutter Teresa als mächtige Frau. Durchwegs sind es die Männer, denen das Attribut mächtig zugesprochen wird. In der öffentlichen Diskussion oder, genauer gesagt, in der Medienrealität tauchen Figuren auf, die unsere Vorstellungen bebildern. Diese Figuren liefern eine Projektionsfläche des Denkens, mit ihrer Hilfe erklären wir uns, wie die Welt beschaffen ist, was richtig und falsch ist, wie wir uns selbst sehen wollen. Zwischen Mutter Teresa und Verona Feldbusch, zwischen Arnold Schwarzenegger und Woody Allen können wir aus einer Vielzahl von maßgeschneiderten Stereotypen auswählen, mit deren Hilfe wir uns erklären, wer wir als Männer und Frauen sind, wie wir sein wollen und wie nicht.

Dieser mediale Cyberspace hat für unsere Kultur die Funktion des von Göttern bewohnten Olymps, jenes Ortes, an dem die alten Griechen die menschliche Komödie aufführten, wo Zeus seine Hera betrog, wo die Guten und Bösen gegeneinander kämpften und so den Menschen auf Erden als Schicksalsmacht erschienen und als Vorbild dienten. In diesem virtuellen Zoo finden wir Figuren, die für unser Thema vielfältiges Anschauungsmaterial liefern können. Hier leben im Modus medialen Daseins jene eigenartigen Wesen, die ihre Präsenz der Tatsache verdanken, daß über sie berichtet wird, daß man in der Öffentlichkeit kontrovers über das diskutiert, was man von ihnen gelesen, gehört oder gesehen hat. Es gibt diese »Celebrities« in lokalen und globalen Ausführungen, Heldinnen im Westentaschenformat und weltberühmte Figuren. Betrachten wir zwei von ihnen, die das Thema Frauen und Macht in pointierter Form repräsentieren: Hillary Clinton, amerikanische Präsidentengattin und betrogene Ehefrau, und Margaret Thatcher, die Eiserne Lady Großbritanniens und lebender Beweis für die Fähigkeit von Frauen, Macht auszuüben.

Das Schweigen der Lämmer – Hillary Clinton und die Machtverhältnisse zwischen den Geschlechtern

Die Paradoxie weiblicher Machtstrategien des Typs »dekorativer Feminismus« ist vielleicht am besten in der Person der amtierenden First Lady der USA verkörpert. An der Person von Hillary Rodham Clinton lassen sich eine Reihe der Schwierigkeiten studieren, die Frauen mit der Macht haben. Wer die Homepage der First Lady im Internet aufruft, wird dort neben einer Auflistung der vielen Reden und Vorträge, die Hillary Clinton in ihrer Zeit als Präsidentengattin zu den unterschiedlichsten Themen gehalten hat, auch das Rezept für Hillary Clintons Chocolate Chip Cookies finden.[19] Als öffentliche Person hat Hillary Clinton eben widersprüchliche Rollenerwartungen zu erfüllen: Auf der einen Seite erscheint sie als die kluge und selbständige, selbst denkende und eigenständig handelnde moderne Frau. Sie beschränkt sich nicht auf die dekorative Rolle der gutgekleideten Begleiterin des mächtigsten Politikers der westlichen Welt, sondern vertritt öffentlich eine eigenständige Meinung, engagiert sich pointiert für politische Anliegen und greift aktiv in die Politik der Vereinigten Staaten ein, ohne ein offizielles Amt zu bekleiden. Auf der anderen Seite verbreitet sie Rezepte für Schokoladenplätzchen und steht ohne Murren und Kritik zu ihrem Gatten, auch wenn der nach allen nur denkbaren Klischees öffentlich als Macho geoutet wird. Mir kommt es dabei nicht auf die psychologische Deutung an. Aussagekraft im Hinblick auf das Thema Macht gewinnt das Paar Hillary-Bill vielmehr als Dramaturgie des Geschlechterkampfes, der da als Schauspiel auf den Fernsehschirmen der Welt ausgefochten wird.

Hillary Clintons Handlungen sind politisch bedeutsam, sie sind Botschaften und Aussagen über das Verhältnis von Männern und Frauen an der Spitze der politischen Machthierarchie. So wurden ihre frühen und selbstbewußten Ausflüge in die Sphären der Politik interpretiert, als sie von den Medien den Spitznamen »Billary« erhielt, weil sie politisch agiler und einflußreicher erschien als ihr Gatte, der Präsident. Und so wurde ebenfalls ihr Verhalten als öffentliche Privatperson in der Auseinandersetzung mit ihrem offensichtlich untreuen Ehemann gedeutet. Auch hier stand sie auf einer öffentlichen Bühne, und die ganze Welt war gespannt darauf, wie sie auf das Verhalten ihres Mannes in einer Situation reagieren würde, die in Tausenden von Ehen vorkommt und für die Millionen von Frauen nach Lösungen suchen. Hätte Hillary in dieser Situation das getan, was ihr von vielen Feministinnen geraten worden war, hätte sie ihren Bill zum Teufel gejagt, so wäre das ebenso ein Zeichen gewesen wie ihre Zurückhaltung im Angesicht der Verletzung von Normen des Anstands und der Ethik ehelicher Beziehungen. Hätte sie sich, nachdem die Affäre Clintons mit Monica Lewinsky zum öffentlichen Skandal geworden war, von ihrem Mann getrennt, so hätte das vermutlich die Scheidungsrate in den USA, wenn nicht weltweit, in die Höhe getrieben. Tausende von Frauen in ähnlichen Situationen wären zum Anwalt gegangen und hätten die Scheidung von ihren treulosen Ehemännern betrieben.

Aber Hillary Clinton gestaltete ihre Rolle im Beziehungsdrama mit ihrem Gatten nach dem Drehbuch der »Family Values«. Sie blieb bei Bill und setzte damit ein Zeichen, sendete eine Botschaft an alle amerikanischen Frauen, die da lautete: Männer sind nun mal so, und wir Frauen müssen ihnen verzeihen, dürfen sie nicht im Stich lassen, müssen unsere Familien schützen und unsere eigenen Verletzungen wegstecken. Möglicherweise steht diese Entscheidung im Horizont eines Machtkalküls, das beide Beteiligten an dem Drama bewog, sich nicht zu trennen. Hillary Clinton verfolgt bekanntlich eigene politische Interessen bei der nächsten Wahl in den USA. Aber selbst wenn dem so ist, so demonstriert das Verhalten des Ehepaars Clinton doch in aller Öffentlichkeit auch, daß die »bessere« Lösung in der Unterordnung der Frau unter die Erfordernisse von Ehe und Familienordnung besteht.

Es geht um die öffentliche Darstellung eines ordnungsgemäßen und politisch korrekten Privatlebens, und da hat eine Person wie Hillary Clinton, die hier in die Rolle der emanzipierten, intellektuellen und betrogenen Ehefrau gekommen ist, mehrere dramaturgische Optionen. Sie hat sich für eine Variante entschieden, die in bezug auf ihre Rolle und die Botschaft, die sie damit als öffentliche Person aussendet, hoch konventionell ist. Paradoxerweise verstärkt ihr ansonsten eher emanzipiertes und selbstbewußtes Auftreten eher noch den Schaden, den sie damit in den Augen der Frauenbewegung angerichtet hat. In einem Kommentar mit dem Titel »Sex & Macht« in der Juni-Ausgabe 1999 des Frauen-Online-Magazins *Ceiberweiber* fragt die Autorin, wie das Szenario, in dem die Clintons ihre Probleme öffentlich abarbeiten, sich auf die Frauenbewegung auswirkt: »Wie ernst ist ein Präsident zu nehmen, der die Finger nicht von immer jüngeren Frauen lassen kann? Und wie ernst ist seine Ehefrau als ›Powerfrau‹ zu nehmen, wenn sie ihn dabei verteidigt?« Die Stilisierung der Affäre als eines verzeihlichen Ausrutschers mit pathologischem Hintergrund auf seiten von Monica Lewinsky, der mehr oder weniger die Zurechnungsfähigkeit abgesprochen wurde, verstärkt herrschende Vorstellungen, denn »daß mit einer solchen Argumentation dem Mächtigeren = Mann die alleinige Verantwortung zugeschoben wird, bedeutet letztlich die Stärkung patriarchaler Strukturen statt deren Abbau«. Hillary Clinton kann man dann nur mehr vorwerfen, daß sie und ihr Mann »heile Familie spielen, um den Anforderungen des politischen Amtes gemäß den von Männern gemachten Spielregeln zu entsprechen«.

Hätte eine Frau, die auch sonst eher dem traditionellen Erscheinungsbild des Heimchens am Herd entspricht, sich wie Hillary Clinton verhalten, so wäre es ein leichtes, dies als typisch weibliche Unterwürfigkeit abzutun, wie man sie eben von einer Frau erwartet, die sich den traditionellen Anforderungen fügt und sowohl im Schatten als auch unter der Herrschaft ihres Gatten steht. Hillary Clinton aber hatte bis zu ihrer Reaktion auf die Affäre ihres Mannes ein vollkommen anderes Bild von sich selbst vermittelt. Sie war ein Vorbild, ein »role-model«. Sie trat häufig als Rednerin bei frauenpolitischen Veranstaltungen auf, setzte sich für die Gleichberechtigung der Frauen in der Dritten Welt, für die Schulbildung von Mädchen und die Verbesserung der ökonomischen Situation von Frauen ein und agierte wie eine Frau, die sich eben nicht über den Mann an ihrer Seite definiert, sondern selbständig handelt. Vor diesem Hintergrund wirkte ihre Reaktion besonders deutlich. Seht her, auch wenn es schmerzhaft ist und er mich erniedrigt hat, ich bleibe die Frau an seiner Seite. Dieses Verhalten hat ihr positive Reaktionen in den Medien eingebracht. Es hat aber auch gezeigt, wo die Grenzen der Emanzipation sind. Es wurde deutlich, daß es im konflikthaften Ernstfall doch nach den Vorstellungen der Männer geht, daß in harten Konfrontationen letztlich Familie und Ehe, nicht die persönliche Autonomie, die eigene Ehre, die eigene Person ausschlaggebend sind. Besonders bemerkenswert ist dieses Verhalten vor dem Hintergrund der real existierenden Verhältnisse in einer Gesellschaft wie der amerikanischen, deren Scheidungsraten noch über denen in Europa liegen. Welche Botschaft vermittelt diese Inszenierung den alleinerziehenden Müttern, den geschiedenen Frauen, jenen, die sich von ihren Partnern getrennt haben? Die Botschaft läßt sich auf den Refrain eines populären Countrysongs reduzieren: »Stand by your man ...«

Dabei hätte Hillary Clinton mit ihrer Biographie ein perfektes Vorbild für den Weg einer selbstbewußten Frau abgeben können, einer Frau, die sich nicht über die Rolle definiert, die ihr von den Männern zugewiesen wird. Sie absolvierte ein Jurastudium an der Yale University, einer der renommiertesten Law Schools Amerikas. Dort lernte sie ihren späteren Mann kennen. Sie praktizierte nach ihrer Hochzeit mit Bill Clinton, der damals Gouverneur im Bundesstaat Arkansas war, weiterhin als Rechtsanwältin und engagierte sich gleichzeitig in der Politik. Immer war sie mehr als die Frau des einflußreichen und erfolgreichen Politikers. Sie vertrat eigene Positionen und setzte sich für politische Ziele ein. Aber parallel dazu repräsentierte sie immer auch schon jene Werte und Orientierungen, von denen sich Frauen in ihren Emanzipationsbestrebungen zu befreien suchten. Es zieht sich durch ihre Biographie jene zweite Linie, die das Bild der Person paradox werden läßt: Einerseits entwickelt sie ein hohes Maß an Selbständigkeit, andererseits zeigt sie ein Engagement für die traditionellen Familienwerte; einerseits findet man bei ihr das Eintreten für ein politisches Programm, das Frauen eine selbständige ökonomische Existenz ermöglichen soll, andererseits aber auch die Betonung einer Frauenrolle, die Frauen stark an die Position von Mutter und Ehefrau bindet.

Zugespitzt könnte man sagen, in dieser Person zeigt sich die Paradoxie, in die eine Frau gerät, die einerseits erfolgreich frauenpolitische Positionen vertritt, andererseits nahe an den Zentren der Macht agieren und dort auch einflußreich sein möchte: Sie gewinnt Anerkennung und Aufmerksamkeit durch ihr außergewöhnliches, unkonventionelles und auffallendes Engagement für ein Programm, das Frauen nahelegt, möglichst konventionell zu sein, nicht aufzufallen, den Erwartungen im Rahmen der Geschlechterordnung zu entsprechen. Sie fordert Frauen auf, nicht nur an sich selbst zu denken, sondern sich in ihrer unmittelbaren Umgebung sozial zu engagieren, sie streitet für Chancen-

gleichheit, aber nicht für die Bildung von weiblichen Machtkartellen, sie appelliert an das soziale Gewissen, nicht aber an egoistische Motive von Frauen, sie votiert für Offenheit gegenüber Minderheiten, aber nicht für den Ausschluß von Männern. All diese Positionen verdichten sich zu einem Bild, das man – je nach Perspektive – als liebenswert oder naiv bezeichnen kann. Es ist liebenswert, da es für Werte steht, denen man abstrakt jederzeit zustimmen möchte. Es ist naiv, weil es unter den gegebenen sozialen und gesellschaftlichen Bedingungen die Position der Frauen letztlich festschreibt.
Die Struktur von Exklusivität und Inklusivität, von Abschottung und Öffnung, von Differenzierung und Egalisierung, von Akkumulation und gerechter Verteilung, die Differenzen, die sich am Beispiel von Stammtischen und Frauengruppen studieren lassen und die sich auch in der Präsentation und dem Verhalten einer mächtigen Frau an exponierter Stelle wiederfinden, liefern einen wichtigen Schlüssel zum Verständnis des Machtgefälles zwischen Männern und Frauen. Hillary Clinton steht einerseits für die bessere, weibliche Hälfte der Menschheit, der sie zu mehr Gewicht verhelfen möchte, aber sie ist gefangen im semantischen Netz der Differenz von Männern und Frauen, dessen Regeln sie respektieren muß, wenn sie erfolgreich sein möchte.

Geronto-Girlie-Power: Das Phänomen Margaret Thatcher

Zeigt Hillary Clinton, welche Probleme eine Frau hat, die versucht, Macht auszuüben und dabei als Frau zu agieren, so läßt sich an Margaret Thatcher demonstrieren, wie eine

Frau Macht ausüben kann, ohne sich dabei auf ihr Geschlecht zu berufen, ohne den »Women's Point of View« zu berücksichtigen. Auch sie hat in der öffentlichen Diskussion Reaktionen provoziert, die für unser Thema erhellend und lehrreich sind.

Margaret Thatcher wußte, was Macht bedeutet. Sie galt in ihrer politisch aktiven Zeit als Vertreterin eines autoritären Führungsstils, sie duldete keinen Widerspruch und achtete darauf, daß niemand in ihrer Umgebung sich ihr widersetzte. Sie kannte den eigentümlichen Charakter des Phänomens Macht und brachte ihn auf die prägnante Formel: »Being powerful is like being a lady. If you have to tell people you are, you aren't.« Frei übersetzt: »Mächtig ist man, wie man eine Dame ist. Wenn man die Leute erst darauf hinweisen muß, dann ist man es nicht.« In diesem Spruch ist eine tiefe Wahrheit über die Beschaffenheit der Macht enthalten. Macht hat man, ohne daß man darüber reden muß. Wer anderen meint mitteilen zu müssen, daß er mächtig ist, der zeigt, daß er machtlos ist. Macht ist ein Phänomen, das sich zwar in der verbalen wie nonverbalen Kommunikation zeigt, das aber von den zwischen den Menschen kommunizierten Inhalten weitgehend unabhängig ist. Auf eine wichtige Ausnahme von dieser Regel, die uns die Philosophin Hannah Arendt zeigt, werden wir später eingehen (siehe S. 111 ff.). Traditionellerweise ist jedoch der mächtig, der erfolgreich das tut, was er tut, und der andere dazu bringt, das zu tun, was er will, ohne sich dafür rechtfertigen zu müssen.

Nichts an Margaret Thatchers Erscheinung war nach den traditionellen Klischees weiblicher Erscheinungsformen besonders außergewöhnlich, kaum jemand hätte sie als sonderlich attraktiv oder häßlich bezeichnet. Doch als Politikerin verfügte sie über eine Aura, die insbesondere Männer immer wieder zu ungewöhnlichen Äußerungen und entsprechend eindeutig-zweideutigen Zuschreibungen motivierte. Verbreitete Spitznamen, die sie sich in der Presse zuzog, waren etwa »Attila, die Henne«, »blonder Tornado« oder »Rhinozeros«. Der französische Staatspräsident François Mitterrand sagte einmal, sie habe den Mund von Marilyn Monroe und die Augen von Caligula. »Stimmt das Gerücht, daß Mrs. Thatcher eine Frau ist?« war ein beliebter Witz nach ihrer Wahl zur ersten Premierministerin Englands. Helmut Newton, der bekannte Fotograf, ließ sich zu der Bemerkung hinreißen: »Sie ist mein liebstes Pin-up-Girl. Weil sie Macht verkörpert. Und Macht ist etwas sehr sexuelles. Sich vorzustellen, mit ihr zu schlafen, ist doch phantastisch.«[20] Offensichtlich verkörperte Margaret Thatcher etwas, das Männer irritierte, stand sie als britische Premierministerin für eine Kombination von Person und Sache, die so in den traditionellen Vorstellungen nicht vorgesehen ist. Dementsprechend spielen alle diese Bemerkungen auf ihr Geschlecht an: Man macht sich über eine Person lustig, die zwar Macht, aber das falsche Geschlecht hat. Eine Frau, die Macht verkörpert, ist das weibliche Pendant zu einem schwulen Fußballstar. Beide irritieren die Ordnung der Geschlechter und ziehen hämische Bemerkungen auf sich.

Die spezifische Mischung, die Margaret Thatcher verkörpert, ermöglicht es, sie zu einer Art postfeministischen Ikone zu stilisieren. Sie ist erfolgreich, mächtig und Frau, ohne sich dabei sonderlich auf ihr Geschlecht zu berufen, weibliche Werte verkörpern zu wollen oder auf einen Frauenbonus zu setzen. Der von den Mitgliedern der erfolgreichen englischen Popgruppe ausgegebene Slogan, Margaret Thatcher sei das erste Spice Girl gewesen, bringt diese eigentümliche Mischung auf den Punkt. Margaret Thatcher, deren Politikstil mit dem Bild einer handtaschenschwingenden Gouvernante, einer englischen Nanny, in Verbindung gebracht wurde und die als Figur eher den Kernseifencharme eines kleinbürgerlichen Krämerladens verbreitete, wird von den schräg-schrillen Spice Girls als Ahnfrau vereinnahmt, einfach weil sie egoistisch und ohne Rücksicht auf Verluste, Konventionen und Erwartungen in ihrem Metier, der Politik, erfolgreich war. Sie hat das, was Männer auszeichnet, ohne ein Mann zu sein. Sie ist eine Frau, ohne sich darauf berufen und ihre Haltungen, Entscheidungen und Meinungen damit begründen zu müssen. Eine Frau gleichsam jenseits der Geschlechterdifferenz und daher vereinnahmt vom Postfeminismus.

In der Gruppe ihrer Verehrer, die Gefallen an dem von ihr verfolgten politischen Programm finden, versammeln sich aber noch andere schräge Figuren. Neben Ronald Reagan, dem sie Nachhilfe in Wirtschaftspolitik gab, und dem ehemaligen chilenischen Diktator, Augusto Pinochet, den sie zu ihren guten Freunden rechnet, hat Margaret Thatcher auch einen Fanclub in der Form einer politischen Anhängerschaft ihrer Ideen in Rußland. »Sie ist in Rußland wahrscheinlich so populär wie Arnold Schwarzenegger«, sagt Ruslan Federowski, Gründungsmitglied einer neuen Partei, die sich den wirtschafts- und gesellschaftspolitischen Ideen von Margaret Thatcher verschrieben hat. Diese Ideen sind – jenseits aller Geschlechtsunterschiede – so simpel, wie sie politisch erfolgreich waren. Der Thatcherismus bestand im wesentlichen aus einer strikt angebotsorientierten Wirtschaftspolitik: Steuersenkung für die Unternehmen, Einschränkung der Aufgaben und Ausgaben des öffentlichen Sektors – Margaret Thatcher wurde schon zu Beginn ihrer politischen Karriere berühmt mit ihrer Forderung, die freie Abgabe von Schulmilch abzuschaffen – und eine radikale Ablehnung aller linksverdächtigen, sozialdemokratischen bis sozialistischen Ideen. Alle Formen gewerkschaftlicher Orientierung und Organisation verfielen dem Verdikt des »Sozialismus« in den Augen von Margaret Thatcher. Mit diesen wenigen und einfachen Prinzipien regierte sie Großbritannien von 1979 bis 1990 in einer Art und Weise, die ihr den Titel »Eiserne Lady« einbrachte, der übrigens von der sowjetischen Nachrichtenagentur TASS geprägt wurde.

Margaret Thatcher verkörpert als Typ eine ebenso seltene wie brisante und irritierende Mischung aus männlichem Machtbewußtsein und traditioneller Weiblichkeit. Als sie 1979 in ihren Amtssitz in der Londoner Downing Street Nr. 10 einzog, trat sie vor die Journalisten mit den Sätzen: »Wo Streit herrscht, wollen wir Eintracht schaffen. Wo Irrtümer herrschen, wollen wir die Wahrheit bringen. Wo Zweifel herrscht, wollen wir zum Glauben führen, und wo Verzweiflung herrscht, soll Hoffnung wachsen.« Mit derart salbungsvollen Worten trat sie die Regierungsgeschäfte an. In den zehn Jahren ihrer Regierung hat sie England vermutlich mehr verändert als jeder ihrer männlichen Vorgänger in diesem Jahrhundert. Die Folgen ihrer Politik sind umstritten. Einerseits wird sie dafür gelobt, daß sie England mit eiserner Hand aus verkrusteten politischen und ökonomischen Verhältnissen herausgeführt und für die Zukunft fit gemacht habe. Der Erfolg von Tony Blairs New Labour basierte letztlich auf der Aufräumarbeit, die Margaret Thatcher für ihn erledigt habe. Andererseits zeigt sich bei näherem Hinsehen, daß dort, wo die Eiserne Lady gehobelt hat, jede Menge Späne gefallen sind. Alles in allem hat während ihrer Regierungszeit ein erheblicher Prozeß der Umverteilung von unten nach oben stattgefunden. Die Reichen wurden reicher und die Armen ärmer. Das zeigt sich nicht nur an der Veränderung in der Einkommensverteilung, sondern auch im Verfall des öffentlichen Schulsystems, dem Niedergang der kleinen Landwirte, wachsender Umweltverschmutzung, der Zunahme der Säuglingssterblichkeit oder der durch wachsende Armut bedingten Kinderprostitution in England.[21]

Was brachte Margaret Thatcher mit, welche Fähigkeiten und Eigenschaften besaß sie, um das zu werden, was sie wurde: die erste Frau an der Spitze eines großen westlichen Staates und die erfolgreiche konservative Reformerin, die den Sozialstaat auf der britischen Insel nachhaltig demontiert hat. Die Merkmale ihrer Biographie verdichten sich zu dem Bild eines enormen sozialen Aufstiegs und wie viele Aufsteiger – egal welchen Geschlechts – neigte sie, einmal an die Macht gekommen, zu einer Reaktionsweise, die man als Identifikation mit dem Aggressor bezeichnen könnte. Sie stammt aus einer kleinbürgerlichen Familie, wurde streng puritanisch erzogen. Ihr Vater besaß einen kleinen Krämerladen, der ihr auch in späteren Jahren als geistiges Modell für die Funktionsweise einer Volkswirtschaft diente. Überhaupt scheint sie zu jenen Frauen zu gehören, die ein Leben lang durch eine starke Beziehung zu ihrem Vater geprägt sind. Da sie aufgrund ihres familiären Hintergrunds keine Privatschule besuchen konnte, setzte sie alles daran, durch herausragende schulische Leistungen den Zugang zu einer der englischen Eliteuniversitäten zu schaffen. Das gelang ihr. Sie studierte in Oxford Chemie und arbeitete nach dem Abschluß in diesem Bereich. Schon früh engagierte sie sich politisch im konservativen Spektrum der Torys. Durch die Heirat mit Dennis Thatcher, einem wohlhabenden Unternehmer, schaffte sie schließlich auch den sozialen Aufstieg aus dem Kleinbürgertum heraus.

Finanziell unabhängig, hatte sie jetzt die Möglichkeit, wie-

der zu studieren, diesmal Rechtswissenschaft. Sie unterbrach ihr Jurastudium für kurze Zeit während ihrer Schwangerschaft. Danach arbeitete sie als Anwältin, und 1959 zog sie als Abgeordnete der Konservativen ins Parlament ein. Dort fiel sie ebenso durch Sachkenntnis wie durch ihre spröde Art auf und machte als Ministerin in verschiedenen Ressorts Karriere, bis sie 1975 den Parteivorsitz der Konservativen von Edward Heath übernahm. Zur Premierministerin wurde sie im Jahr 1979, als England durch Streiks und wirtschaftlichen Niedergang in einer schweren Krise steckte. Mit drastischen Maßnahmen wie der Privatisierung der maroden Staatsbetriebe und dem vehementen Kampf gegen die Macht der Gewerkschaften erwarb sie sich schnell den Ruf einer harten und konsequenten Reformerin. Dabei verfügte sie nie über ein ausformuliertes politisches Konzept oder eine weitreichende Strategie. Sie orientierte sich an wenigen und einfachen Prinzipien und achtete darauf, ihre eigene Machtposition innerhalb der Partei und der Regierung zu sichern. Nie schreckte sie vor brutalen Maßnahmen zurück. Als ihre Popularität 1982 aufgrund der von ihr eingeleiteten Maßnahmen auf einem Tiefpunkt war und die Gefahr bestand, daß die Konservativen die nächsten Wahlen verlieren könnten, nutzte sie die Chance, die sich durch die Annexion der Falkland-Inseln ergab, und erklärte Argentinien den Krieg. Dieser ebenso sinnlose wie bizarre Konflikt steigerte ihre Popularität dermaßen, daß sie die 1983 stattfindenden Wahlen mit einem Traumergebnis gewann.
Ute Scheub schrieb in der *taz*, Margaret Thatcher sei das lebende Dementi des Glaubens an die Frau als den besseren Menschen, die kaltlächelnde Widerlegung eines weiblichweichen Führungsstils, die stahlharte Widerrede auf die Utopie einer fraulich dirigierten Welt. Und dennoch. Vieles

von dem, was diese Frau tat, hatte seine eigene Kontur, weil es von einer Frau getan wurde, obwohl die Ziele, die sie mit ihrer Politik verfolgte, sie kaum in den Verdacht bringen konnten, feministische Positionen zu vertreten. Sie stand für die traditionellen Tugenden von Recht und Ordnung, Sauberkeit und Moral in einer Art und Weise, die Fragen nach einer neuen Rolle der Frau in der Gesellschaft gar nicht aufkommen ließen.
Margaret Thatcher eignet sich sicherlich nicht als Rollenmodell für die Frauenbewegung. Bestenfalls findet sie ihre Anhänger in der postfeministischen Girlie-Bewegung. Ansonsten sind ihre Bewunderer, auch diejenigen, die sich eher negativ über sie äußerten, Männer. Sie betonte in ihrem Auftreten ein traditionelles Bild von Weiblichkeit, sie legte Wert darauf, als Dame zu wirken und anerkannt zu werden. In Diskussionen über ihre Politik duldete sie keinen Widerspruch, und eine der am häufigsten gebrauchten Floskeln während ihrer Amtszeit lautete: »There is no alternative.« Margaret Thatcher verstand es, Macht »wie ein Mann« auszuüben und gleichzeitig durch eine damenhafte Erscheinung sozusagen die Beißreflexe ihrer männlichen Gegner im Zaum zu halten. Diese Art der schnörkellosen Rigidität eines ebenso klaren wie einfachen Weltbildes, das mit deutlichen Unterscheidungen zwischen gut und böse, richtig und falsch, Freund und Feind operiert, das keine Zwischentöne, keine Grauzonen, sondern nur Schwarz und Weiß kennt, war eines der Geheimnisse ihres Erfolges. Sie hatte aufgrund ihrer Orientierung an einer konservativ gefärbten Weltsicht klare Vorstellungen, wie die Gesellschaft beschaffen sein sollte, und ebenso klar waren ihre Vorstellungen darüber, wie sie dafür zu sorgen habe, daß ihre Ideen Wirklichkeit wurden.

Macht

Figuren wie Hillary Clinton oder Maggie Thatcher lassen sich betrachten als unterschiedliche Variationen des Themas Frauen und Macht. Beide gestalten dieses Verhältnis auf ihre Art und Weise. In beiden Fällen aber zeigt sich eine Gemeinsamkeit. Sie kratzen nicht an den Fundamenten der herrschenden, männlichen Ordnung. Sie stabilisieren, wenn auch bisweilen auf paradoxe Weise, die Machtverhältnisse und damit jeweils auch ihre eigene persönliche Position innerhalb dieser Ordnung. Hillary Clinton lebt in der Nische der Ehefrau und nutzt den Spielraum, der ihr bleibt, ohne den Status quo allzu sehr in Frage zu stellen. Möglicherweise sichert sie damit ihre eigene persönliche Position, aber sie tut dies innerhalb einer Machtordnung, die Frauen einen bestimmten Platz zuweist. Maggie Thatcher bedient sich der Mechanismen der Macht nicht anders als jeder Mann in dieser Position. Keine von beiden stellt die existierenden Strukturen der Macht, wie sie von der politisch ambitionierten Frauenbewegung kritisiert werden, ernsthaft auf die Probe. Zwar erscheinen beide auf ihre Weise als Ikonen weiblicher Macht. Aber dieser Eindruck täuscht, denn sie sind tatsächlich nur Effekte des herrschenden Systems der Geschlechterordnung. Hillary Clinton bekräftigt die Ordnung der Verhältnisse zwischen den Geschlechtern als langmütige und verzeihende Ehefrau, und Maggie Thatcher erfüllt als ondulierte Domina die leicht sadomasochistisch gefärbten Sehnsüchte nach einer starken Führungsfigur in einer politischen Kultur, die von den vergangenen Zeiten des Empire und britischer Weltherrschaft träumt.

Was aber ist Macht, woraus besteht sie, wie funktioniert sie? Welche Verhältnisse sind das, in denen solche Figuren wie Margaret Thatcher an die Spitze kommen und mit Hilfe welcher Mechanismen gelingt ihnen das? Was ist Macht? Diese Frage treibt die Menschheit um, seit sie angefangen hat, über sich selbst nachzudenken. Macht ist im weitesten Sinne und allgemeinster Form die Fähigkeit zu strukturieren, oder anders ausgedrückt: Macht hat strukturierende Effekte. Die Dinge, die Welt, die Menschen und die Verhältnisse zwischen ihnen, insbesondere natürlich auch die Verhältnisse zwischen Männern und Frauen, könnten auch ganz anders sein, als sie es sind. Sie sind es aber nicht. Die Tatsache, daß dem so ist, verweist auf Macht. Das gilt von den krudesten Aspekten physischer oder ökonomischer Überlegenheit bis hin zu den subtilsten Problemen des Denkens. Auch die Verhältnisse zwischen Wahrheiten sind Machtverhältnisse, wie Paul Veyne, der französische Altphilologe, es einmal formuliert hat.
Die Geltung der Individuen, die Art ihrer Existenz als Mann oder Frau sind letztlich auf Machteffekte zurückzuführen. Friedrich Nietzsche hat das angedeutet, als er das Recht der Namensgebung, der Benennung, als ein Herrenrecht bezeichnet hat. Die Herren sagen: Dies ist das oder das, sie geben den Dingen einen Namen und versiegeln sie damit gleichsam. Nehmen wir nur die Differenz zwischen Männern und Frauen. Der Frauenbewegung ist es gelungen, die wichtige Unterscheidung zwischen Sex und Gender, zwischen biologischem und sozialem beziehungsweise kulturell definiertem Geschlecht einzuführen. Das kulturell definierte Geschlecht ist variabel, und selbst in der scheinbar eindeutigen Sphäre des Biologischen sind die Verhältnisse komplizierter, als es sich am Beispiel von menschlichen Wesen darstellt. Die Reproduktion der Gattung, die

genetische Rekombination des Erbmaterials, auf der Grundlage der Unterscheidung zwischen männlichen und weiblichen Organismen ist weder universell, noch ist sie evolutionär notwendig.

Doch zurück zu uns Menschen. Die kulturell eingeführte Unterscheidung zwischen Männern und Frauen strukturiert unser Denken in einer tiefgreifenden Weise. Menschen müssen sich einer diese exklusiven Kategorien zuordnen. Tun sie das nicht, werden sie zu einer Bedrohung der Ordnung der Geschlechter wie Bi- oder Transsexuelle, Drag Queens, Schwule oder Lesben, die sich der Ordnung der Geschlechter verweigern. Öffentlich auftretende lesbische Paare wurden, auch wenn sie zur sogenannten besseren Gesellschaft gehörten, oft hart bestraft. War die Libertinage, also das freizügige erotische Leben jenseits der Zwänge der Ehe, im 18. Jahrhundert, insbesondere in Frankreich, durchaus toleriert und öffentlich akzeptiert, so konnten gleichgeschlechtliche Verbindungen nur unter dem Deckmantel der Verschwiegenheit ausgelebt werden. Die symbolische Ordnung der zwei Geschlechter, die deren physische Existenz überlagert, wirkte damals und auch heute noch als Strukturprinzip.

Derartige binäre Ordnungen steuern unser Leben in allen Bereichen. Das gilt für die Frage der ethnischen Zugehörigkeit: Bist du Serbe oder Kosovare, Deutscher oder Ausländer? Das gilt für die soziale Position: Bist du arbeitslos oder berufstätig? Das gilt ganz allgemein für die Frage der Zugehörigkeit zu sozialen Gruppen: Bist du einer (oder eine) von uns oder nicht?

Solche Fragen stellen uns vor exklusive Alternativen, zwingen uns zur Entscheidung nach Kriterien, die wir möglicherweise gar nicht akzeptieren. Sie definieren ein Universum der Bedeutung und des Sinns, sie strukturieren die

Welt, die uns als eigenständige und autonome Individuen, als Männer und Frauen, als Ausländer, Behinderte, Lesben, Kriminelle oder Arbeitslose erst hervorbringt, indem sie uns in der Ordnung der Kategorien ab- und eingrenzt.

Was uns im Alltag als plausible Unterscheidung vorkommt, entpuppt sich bei näherem Hinsehen oft als sehr voraussetzungsvolle, hochkomplizierte und sozial konstruierte Differenz. Wer gilt etwa gemeinhin als arbeitslos? Zählen wir dazu nur diejenigen, die keinen Arbeitsvertrag haben, oder diejenigen, die sich beim Arbeitsamt als arbeitslos registrieren lassen? Sollen Frauen, die im Haushalt tätig sind, Kinder, die in die Schule gehen, Gelegenheitsarbeiter, Tagelöhner oder selbständig Beschäftigte, die gerade keinen Auftrag bearbeiten, als arbeitslos gelten? Wo hört die geringfügige Beschäftigung auf und wo beginnt die Arbeitslosigkeit, wo ist die Grenze zwischen Ausbildung und Arbeit, zwischen Hausarbeit und Arbeitsverhältnis, zwischen Schwarzarbeit und Nachbarschaftshilfe, zwischen schlechter Auftragslage und Pleite zu ziehen? Nimmt man alltagsweltlich plausible Kategorien unter die Lupe des genaueren Nachfragens, so wird ein feingesponnenes Netz von sozialen Definitionen sichtbar, von zeitlichen Ordnungen des Lebenslaufs und Kategorien, an deren Grenzen die Bürokratie wacht. Derartige Kategorien stehen untereinander in bestimmten Beziehungen, mit ihrer Hilfe werden Machtverhältnisse definiert, und es gibt Personen, die das Recht zur verbindlichen Definition haben. Wer von einem Psychiater als geisteskrank diagnostiziert worden ist, dessen Leben wird sich ändern. Wer von einem Richter schuldig gesprochen wird, wird die Folgen zu spüren bekommen, und wenn ein Standesbeamter oder Pfarrer die magischen Worte »Hiermit erkläre ich euch zu Mann und Frau« ausspricht, so hat auch das gravierende Folgen für die damit Angesprochenen. In keinem Fall ändert sich etwas an der materiellen Beschaffenheit der Welt oder an den Personen. Das einzige, was passiert, ist, daß Menschen in neue Kategorien eingeordnet werden: als Geisteskranke, Kriminelle und Eheleute.

Unsere Gesellschaft ist so beschaffen, daß bestimmte Definitionen bessere Chancen auf Durchsetzung haben als andere, daß manche Menschen beim Definieren erfolgreicher sind als andere. Definitionsmächtige Priester gibt es nur innerhalb einer organisierten Religion, die das Sakrament der Ehe kennt, Richter können nur im Rahmen eines Rechtssystems, das über Gesetzbücher, Gerichte und Gefängnisse verfügt, Menschen verurteilen, und ohne die Psychiatrie, die Klinik und das Gesundheitssystem, wie wir es kennen, gäbe es keine Psychiater und keine Geisteskranken. Viele Kulturen kommen ohne diese Kategorien aus. Menschen, die in unserer Gesellschaft ausgegrenzt und in psychiatrische Anstalten gesteckt werden, gelten in anderen Kulturen als Schamanen, als Heilkundige oder Seher. Die Ordnung, in der wir leben, die Anordnung und Klassifikation der Menschen und Dinge ist eine durch und durch soziale Konstruktion: Warum hat die Woche sieben Tage? Warum essen wir Hühnerfleisch, aber keine Papageien, Sardinen, aber keine Goldfische? Warum entwickeln wir ein eigenes Vokabular zur Bezeichnung von Menschen, die nach unseren Vorstellungen zu viel oder zu wenig Sex haben, aber keines für Menschen, die normal leben? Was ist überhaupt der Unterschied?

Die Differenz zwischen den Etiketten Mann und Frau gehört in diese Sphäre der konstruierten Kontraste. Es spielt eine wichtige Rolle, ob man als Mann oder als Frau bezeichnet, wahrgenommen und behandelt wird. Männern traut man anderes zu, von Männern erwartet man anderes als von Frauen. Wir lernen schon früh in unserem Leben als kleine Kinder, was von uns erwartet wird, wie sich ein Mädchen oder ein Junge zu verhalten haben. Hier liegt eine wichtige Wurzel der Machtverhältnisse.

Wie funktioniert dieses Vokabular von Eigenschaften und Kategorien? Es liefert uns das Werkzeug, mit dem wir die Welt strukturieren und mit dessen Hilfe wir strukturiert, eingeordnet, klassifiziert und diagnostiziert werden. Eigenschaften, Fähigkeiten und Charakter liegen nicht in einem Menschen, sie werden ihm von seiner Umwelt und seinen Mitmenschen zugeschrieben. Dabei handelt es sich nicht nur um professionelle Zuschreiber wie Ärzte, Richter oder Polizisten. Wir alle sind fortwährend damit beschäftigt, uns die Welt gegenseitig zu beschreiben, indem wir uns und andere einordnen. Wir handeln im Alltag in erster Linie aufgrund unserer Erwartungen, unserer Vor-urteile. Sollte es uns einmal passieren, daß diese Erwartungen enttäuscht werden, greifen wir auf bewährte Mechanismen der »Reparatur« zurück. Wir definieren die Situation neu, fragen nach oder geben dem Ganzen einen neuen Sinn.

Auf die Frage, wer in einer Situation was tut, gibt es nämlich immer mehrere, und oft ganz verschiedene Antworten. Ein schönes Beispiel ist der alte Witz von der Laborratte, die von einem Forscher trainiert wird, immer einen bestimmten Weg durch ein Labyrinth zu laufen, um dann am Ende zur Belohnung Futter zu bekommen, und die sich denkt: »Habe ich diesen Forscher nicht gut erzogen? Immer wenn ich diesen Weg durch das Labyrinth gehe, gibt er mir Futter!« Als Witz wirkt diese Geschichte, weil sie gegen unsere Erwartungen verstößt, weil sie die kategoriale Ordnung der Dinge, die wir verwenden – die Macht des Forschers und die Ohnmacht der Ratte –, verletzt, gleichzeitig aber eine gewisse verquere Plausibilität hat.

Solche Klassifikationsschemata sind entweder bürokratisch durchgesetzt, oder sie wirken ohne äußere Kontrolle sozusagen im Hintergrund als Teil kultureller Überlieferung, die jenseits aller Verbalisierung funktioniert. Sie steuern unsere Wahrnehmung von der Ordnung der Welt. Gegen solche tief verwurzelten Schematisierungen rennen auch Frauen in Männerrunden meist erfolglos an. Was immer Frauen sagen, es wird in aller Regel doppelt bewertet: einmal als Argument und sodann als Aussage einer Frau. Die Bedeutung einer Aussage wird gewichtet nach der Position desjenigen, der sie macht. Wir ordnen also in unserem Alltag die Dinge, die wir hören, die wir sehen, die wir wahrnehmen, die Menschen, mit denen wir es zu tun haben, mit Hilfe von Klassifikationssystemen ein, um ihnen eine Bedeutung zuzuschreiben. Wenn es nun um die Auseinandersetzung zwischen alternativen Deutungen einer Situation geht, um Fragen des Typs: Wer hat welches Recht, welche Ansprüche? Wer setzt sich durch? So haben meist die das Nachsehen, die in der offenen Auseinandersetzung gegen die im Hintergrund herrschende Ordnung der Klassifikationen ankämpfen. Es ist einfacher, sich der herrschenden Ordnung zu bedienen, als eine neue zu etablieren. Man hat mehr Erfolg, wenn man klare Grenzen einhält, als wenn man auf Zwischentöne, Überschreitungen, Grauzonen und Mehrdeutigkeiten Rücksicht nimmt.

Solche machtstabilisierenden Klassifikationen existieren nicht nur in den Köpfen, sie sind in der von Menschen gemachten Welt verkörpert. Man kann sich das am Katalog einer großen Bibliothek mit vielen Tausenden von Büchern verdeutlichen. Diese Bücher stehen in Regalen an irgendeinem beschreibbaren Ort. Wenn ich ein bestimmtes Buch suche, dann kann ich es finden, wenn ich weiß, daß es im dritten Stockwerk des Bibliotheksgebäudes, im Regal mit der Nummer zwei, in der dritten Reihe von oben, ganz links steht. Aber als Benutzer einer Bibliothek bin ich nicht an solchen Beschreibungen interessiert. Zwar sind solche Beschreibungen des Standortes wichtig, aber sie sind wenig hilfreich, wenn ich zum Beispiel Kriminalromane oder Chemielehrbücher suche. Hierzu sind andere Klassifikationen notwendig, nämlich die Unterscheidung zwischen Kriminalromanen und Chemielehrbüchern. Unter solchen Oberbegriffen werden unterschiedliche Bücher nach ihrem Inhalt, Thema oder Gegenstand zusammengefaßt. Praktischerweise orientiert sich die physische Anordnung der Bücher in den Regalen an solchen Klassifikationsmerkmalen. Wer öfters Bibliotheken benutzt, in denen der Zugang zu den Beständen durch die Benutzer möglich ist, kennt die herrlichen Entdeckungen, die man bei der Suche nach einem bestimmten Buch macht. Man stellt fest, daß im Regal in unmittelbarer Nähe des gesuchten Titels ein anderes Buch zu dem Thema, mit dem man sich gerade beschäftigt, steht, das man aber noch nicht kannte und das eigentlich viel interessanter ist als dasjenige, das man sich gerade holen wollte.

Nun bietet gerade der Kampf der modernen Frauenforschung um Anerkennung als eigenständiges akademisches Fachgebiet ein gutes Beispiel für die Macht, die in solchen Klassifikationssystemen geronnen ist. Bücher über Themen, mit denen sich die Frauenforschung heute beschäftigt, waren in der Ordnung von Bibliotheken und Katalogen bis vor kurzem verstreut in ganz verschiedenen Bereichen.

Bücher, die Informationen über den Anteil von Frauen in verschiedenen Berufszweigen enthalten, standen in der wirtschaftswissenschaftlichen Abteilung, Bücher, in denen man etwas über familiäre Gewalt erfahren konnte, fanden sich vielleicht bei den Beständen der Juristen oder Soziologen, Bücher über Geburtshilfe standen in der medizinischen Abteilung, über Mädchen in der Schule bei den Pädagogen, und Bücher über die Rolle von Frauen in der Gesellschaft fanden sich bis vor nicht allzu langer Zeit bestenfalls in der belletristischen Abteilung, wo die Werke von Strindberg, Ibsen oder Fontane verwahrt wurden. Die Reorganisation einer solchen Ordnung, die notwendig wird, wenn Frauenforschung, Gender Studies oder feministische Studien zu anerkannten Themen im akademischen Fächerkanon werden sollen, ist langwierig, kompliziert und schwer durchzusetzen. Man muß eine neue Ordnung des Bibliothekskatalogs einrichten, die Bücher müssen umsortiert werden, neue angeschaffte Bücher müssen anders eingeordnet werden. Die Verlage, die Bücher auf den Markt bringen, müssen überzeugt werden, daß sie in diesem neuen Feld eigene Reihen herausgeben. Nun erst, wenn alle diese Veränderungen stattgefunden haben, ist das Thema »Frauenforschung« sozial und intellektuell etabliert. Die Informationen mögen – verstreut über Tausende von Bänden – zwar immer schon vorhanden gewesen sein, aber sie sind nicht sichtbar, nicht zugänglich und damit praktisch unbrauchbar gewesen.

Beschäftigt man sich mit solchen Beispielen, so schärft das den Blick für die machtstabilisierende Rolle von Klassifikationen und standardisierenden Definitionen. Man denke nur an die Definition von Schwangerschaft als medizinisch definierten Zustand, für den die Krankenkasse zuständig ist. Man denke an die Definition von Hausarbeit als etwas, das nicht bezahlt wird und damit nicht als Arbeit im eigentlichen Sinne von Lohnarbeit, wie wir sie heute als dominante Form kennen, zu gelten habe. Frauen gebären Kinder und vollbringen Tätigkeiten im familiären Rahmen, aber wie das gewichtet wird, hängt ab von den gesellschaftlich gegebenen Klassifikationsschemata.

Das heißt in bezug auf das Problem der Macht, daß es wenig sinnvoll ist, hier von der Konstellation einzelner Individuen auszugehen. Die Frage, warum Männer in vielen Situationen in der besseren Position als Frauen sind, hat wenig mit individuellen Männern oder Frauen zu tun, sondern vielmehr mit jener Infrastruktur von Klassifikationen, die unser Denken und Handeln so durchgängig bestimmen, daß wir ihrer gar nicht mehr gewahr werden. Damit sind nicht nur jene Formen der sprachlichen Diskriminierung gemeint, deren Vermeidung heute zum guten Ton der politischen Korrektheit gehört und die dann dazu führt, daß immer auch die weibliche Form der Leserin, Hörerin und Zuschauerin angesprochen wird. Die Macht sitzt tiefer, und eine als Arbeiterin angesprochene Person wird aufgrund einer solchen Sprachpolitik noch lange nicht den gleichen Lohn bekommen wie ihr männlicher Kollege. Klassifikationen sind nicht nur Phänomene der Sprache, sie sind Teil der materiellen Kultur, verankert in gesellschaftlichen Praktiken und Wissensbeständen, die unser Denken grundlegend strukturieren.

Versucht man das Problem der Macht anhand einzelner Personen über Fragen des Typs: Wer besitzt sie? oder Wer hat Kontrolle über wen? zu erschließen, so gerät man schnell in ein unübersichtliches Dickicht. Irgendwie scheint dann jede und jeder irgendwelche Macht über irgend etwas oder irgend jemand zu haben. Frauen haben dann vielleicht Macht über Kinder, Männer über Frauen, manche Frauen über Männer und viele Männer über andere Männer, die Menschen über die Natur oder umgekehrt. Wie aber diese vielfältigen und manchmal durchaus widersprüchlichen Machtverhältnisse und Machtbeziehungen zustande kom-

men, was sie absichert, worauf sie basieren und, vor allen Dingen, warum sie verschwinden können, das wird durch die Beobachtung von einzelnen Individuen nicht klar.
Der Philosoph Georg Wilhelm Friedrich Hegel hat den Unsinn dieser Art, das Problem der Macht zu entziffern, am Beispiel der Dialektik von Herr und Knecht aufgezeigt. Der Herr ist ohne den Knecht und dieser ohne den Herrn nicht vorstellbar. Verhältnisse sind es, nicht das Verhalten, die Beziehungen, in die Menschen eintreten, nicht ihre isolierten Absichten und Handlungen, in denen die Macht lokalisiert ist.
Es ist natürlich verlockend, sich der politischen Rhetorik der Macht zu bedienen, sie den einen zuzuschreiben und die Machtverhältnisse, so, wie sie dann erscheinen, als ungerecht zu brandmarken. Dann landet man schnell bei den handelsüblichen Vorwürfen, daß Männer ungerechtfertigterweise Macht über Frauen ausüben, sie unterdrücken und ausbeuten. Der Blick vor oder auch hinter die eigene Haustür liefert sofort eine Menge Belege für diese suggestive Vorstellung. Aber ist das Wesen der Macht damit faßbar? Versteht man, wie Macht funktioniert, wenn man öffentlich diejenigen brandmarkt, die man für die Mächtigen hält? Auf diesem Wege lassen sich politische Kämpfe inszenieren. Macht wird damit zum rhetorischen Kampfbegriff in Auseinandersetzungen. Doch werden sich durch solche Kämpfe vermutlich weder die Machtverteilung oder die Machtverhältnisse ändern, noch wird man am Ende besser verstehen, was Macht ist und wie sie funktioniert.
Wer Macht verstehen will, sollte sich nicht von der alltäglichen Rhetorik der Macht verführen lassen. Unsere Sprache formt unsere Wahrnehmung, und dementsprechend sind wir es gewöhnt, von Macht in Begriffen einer Substanz zu sprechen, die man besitzen und horten kann und die sich

ausbreitet wie ein physikalisches Phänomen, wie Wärme, oder die sich bewegt, wie ein Objekt, das, einmal in Bewegung gesetzt, auf seiner Bahn bleibt, bis es auf einen Widerstand trifft. Mit Hilfe solcher Bilder machen wir uns das Wesen der Macht verständlich. Sie wirkt so lange, bis ihr ein Widerstand entgegentritt, bis sich jemand ihr in den Weg stellt. Aber stimmt dieses Bild?

Wir sehen die Macht in Begriffen von Materie und suchen ihre materielle Basis. Eine solche Basis existiert natürlich, aber sie ist für uns heute nicht mehr sonderlich bedeutsam. Der stumme Zwang der ökonomischen Verhältnisse, oft als das Paradebeispiel für Macht herangezogen, hat sich gewissermaßen virtualisiert. Die ökonomische Macht findet heute ihren folgenreichen Ausdruck an der Börse, einem Ort, an dem nur mit Erwartungen gehandelt wird. Der Wert einer Aktie, die Zukunft eines Unternehmens und seiner Beschäftigten hängen ausschließlich ab von den Erwartungen über zukünftige Entwicklungen. Der Höhenflug von Internetfirmen, die seit einigen Jahren am Markt agieren, aber bisher nur Verluste und keinen Gewinn erwirtschaftet haben, basiert auf den Erwartungen der Anleger, daß sich in Zukunft Profite einstellen werden. Der Macht, die in den ökonomischen Verhältnissen beheimatet ist, fehlt weitgehend der materielle Unterbau, sie basiert auf Definitionen, Erwartungen, symbolischen Ordnungen und Informationen.

Auch scheint die Macht eine ewige Geschichte und ein ewig gleiches Gesicht zu haben: Die Herrschaft der Männer über die Frauen begleitet so gesehen die menschliche Geschichte seit Jahrtausenden. Bis tief in die Sprache hinein wird die Macht als männlich identifiziert. Im Wörterbuch der Gebrüder Grimm wird das männliche Glied als Gemächt oder Macht bezeichnet. Man sieht, selbst die physiologische

Terminologie kennt die Geschlechterdifferenz in Machtfragen.[22] Aber warum haben Männer seit ewigen Zeiten über Frauen Macht, warum sollen sie mehr Macht besitzen als Frauen?

Über den Ursprung einer Machtdifferenz zwischen Männern und Frauen ist viel gerätselt worden. Manche haben versucht, ihn kulturell zu erklären, andere haben versucht, ihn evolutionstheoretisch aus der menschlichen Entwicklungsgeschichte zu rekonstruieren: Da in den Ur-Horden die Frauen die Gruppe verließen, um mit anderen Gruppen zu leben, hatten sie mehr Schwierigkeiten als Männer, stabile Beziehungen zu ihren Geschlechtsgenossinnen aufzubauen, und waren daher eher auf sich allein gestellt, während Männer, die ihr Leben lang in der Gruppe verblieben, mehr Chancen hatten, soziale Macht durch Kooperation mit ihresgleichen zu akkumulieren. Als auf späteren Entwicklungsstufen der Menschheitsgeschichte, in den sogenannten Viehzüchter- und Ackerbaugesellschaften, die wichtigen Ressourcen für das Überleben des Nachwuchses von einigen wenigen dominanten Männern kontrolliert wurden und Frauen damit zusätzlich untereinander in Konkurrenz um diese begehrten Geschlechtspartner traten, wurde die Entwicklung weiblicher Solidarität weiter behindert.[23]

Solche Deutungen erzählen uns die ewige Geschichte der Macht. Sie gewinnen ihren Sinn aber erst aus heutiger Sicht, sie versorgen uns mit einer plausiblen Vergangenheit, aus der heraus sich uns die Welt, so wie sie erscheint, als verständlich präsentiert. Aber ist es nicht vielmehr so, daß wir es auch bei solchen historischen Erzählungen mit einer sozialen Konstruktion zu tun haben, die wir nur glauben, weil wir sie plausibel finden? Ist die Mythologie des Ursprungs und der unendlichen Geschichte von Machtbeziehungen nicht ihrerseits Teil einer Strategie der Macht? Die Art und Weise, wie Geschichten über die Geschichte erzählt werden, wie also etwa die lange Vergangenheit der Machtverhältnisse zwischen den Geschlechtern dargestellt wird, ist ein wesentlicher Teil der ganz konkreten Gegenwart dieser Verhältnisse. Verlegt man den Ursprung der menschlichen Gesellschaft in eine Vergangenheit, in der das Matriarchat herrschte, so wird man ganz andere Vorstellungen über die Machtverteilung und Arbeitsteilung zwischen den Geschlechtern bekommen, als wenn man das Patriarchat als Ursprung der Zivilisation begreift. Solche Fragen nach dem Ursprung der Macht, der Ungleichheit zwischen den Geschlechtern, der Rollenverteilung zwischen Männern und Frauen sind nicht durch wissenschaftlich »neutrale« Forschung zu entscheiden. Sie werden vielmehr von verschiedenen Gruppen immer wieder neu gestellt, und die Antworten, die darauf jetzt und hier und heute gegeben werden, bestimmen den Status der Gesellschaft, in der wir leben. Es sind mit anderen Worten die Schematisierungen der Welt, die darüber bestimmen, wen wir als mächtig und wen wir als ohnmächtig bezeichnen und behandeln. Sobald wir das Raster und den Bezugsrahmen unserer Weltsicht ändern, ändern sich die Verhältnisse, die wir sehen und in denen wir, so wie wir sie sehen, leben. Wir werden im nächsten Kapitel einen solchen Perspektivenwechsel vollziehen.

Die scheinbar ehernen Verhältnisse sind keineswegs so stabil, wie sie erscheinen. Die Sicht auf die Welt und auch das Verhältnis der Menschen zueinander kann sich schnell und dramatisch ändern, wenn sich das Denken der Menschen ändert. Wir finden Beispiele für solche Gestaltwechsel der kollektiven Wahrnehmung in unserer eigenen Gegenwart, etwa in der Entstehung der Umweltbewegung. Erst als die

Natur durch die Rezeption von Büchern wie Rachel Carsons *Der stumme Frühling* nicht mehr als stumme und unendliche Grundlage des menschlichen Lebens gesehen wurde, sondern als ein störanfälliges, begrenztes System, als Ökosphäre, entwickelte sich die Vorstellung der Umweltzerstörung mit all den Folgen, die sich seit diesem Wandel des gesellschaftlichen Blickwinkels ergeben haben. Ozonlöcher, Abgaskonzentrationen, globale Erwärmungen sind die Produkte und zugleich die Belege für die ökologische Wende. Sie demonstrieren, daß die Ökosphäre existiert und daß sie gefährdet ist. Sie wären aber ohne die ökologische Wende nie derart in unser Leben getreten und hätten es auf so massive Weise verändert, wie sie es getan haben. Zwar hätten sich vielleicht einige Umweltveränderungen, die wir heute als menschlich verursacht begreifen, bemerkbar gemacht. Aber diese wären möglicherweise als Folge eines allgemeinen Wandels der natürlichen Verhältnisse auf der Erde interpretiert worden und hätten nicht jene Aufmerksamkeit auf sich gezogen, die sie heute haben. Mit dem Auftauchen der Umweltbewegung hat sich unser Leben verändert. Es gibt neue Regeln und Vorschriften, eine neue Moral, neue Arten, die Welt zu sehen und uns in ihr zu bewegen. Die Art, wie wir das, was wir sehen, wahrnehmen, bestimmt die Art, wie wir handeln.

Das gleiche gilt für das Phänomen der Macht. Macht ist etwas, das immer wieder durch unser Handeln vor unseren Augen entsteht und verschwindet, das dadurch in unser Leben tritt, daß wir es bezeichnen, benennen und hervorbringen. Dabei besteht dieses Bezeichnen, Benennen und Hervorbringen nicht nur in den individuellen und absichtsvollen Handlungen einzelner Menschen. Stabilität gewinnt Macht durch ihre Materialisierung, wie wir sie am Beispiel der Ordnung der Bibliothek beschrieben haben. Die Ordnung der Dinge ist von Menschen gemacht, aber sie tritt ihnen, nicht zuletzt aufgrund der irreführenden Verlockungen unserer Sprache, als etwas gegenüber, das unabhängig von ihnen existiert. Wir können Macht (ebenso wie die vor nicht allzu langer Zeit erfundene »Umwelt«) auf diese Art und Weise sichtbar machen, wenn wir uns all die sprachlichen, materiellen, symbolischen, die konkreten und abstrakten Elemente vorstellen, mit deren Hilfe wir sie in unser Leben treten lassen.

Generell gilt, daß Macht entsteht, wo Unterschiede gemacht werden. »To have power, is to be able to make a difference to the world«, schreibt der englische Soziologe und Machttheoretiker Steven Lukes in einem seiner Bücher über dieses Thema.[24] In dieser ganz abstrakten Allgemeinheit lautet die entsprechende Schlußfolgerung für unsere Fragestellung: Frauen gewinnen, wenn Unterschiede an Bedeutung verlieren. Oder anders formuliert: Dort, wo machterzeugende Differenzen verschwinden, haben Frauen eine Chance, wo sie existieren, nicht.

Macht und Moral – die Stärke der Schwachen

Aber welche Differenzen erzeugen Macht? Ist jede Form von Strukturierung, jede Unterscheidung und Klassifizierung ein Ausdruck von Macht? Läßt sich nicht wenigstens eine moralische Ordnung vorstellen, die nicht durch Macht vergiftet ist? Sind nicht Regeln denkbar, auf die sich alle Menschen einigen könnten, Regeln, denen sie folgen wollen, Unterscheidungen, die keinen ausschließen? Mit solchen Fragen bewegen wir uns im Bereich philosophischer Problemstellungen. Wie wir gesehen haben, basiert jede Form von Ordnung auf der Einführung einer Differenz und

erzeugt damit notwendig einen Ausschluß. Der englische Logiker George Spencer Brown, der sich ausführlich mit den Grundlagen der Mathematik beschäftigt hat, nennt das Unterscheiden die grundlegendste und wichtigste Operation eines jedes Systems: »First make a difference!« lautet seine Anweisung für die Konstruktion einer Ordnung. Ziehe eine Linie und nenne das, was auf der einen Seite liegt, das Innen, wodurch du zugleich das Außen erzeugst. Dann kannst du auf der Innenseite die Vorstellung einzeichnen, daß es ein Außen gibt, das sich vom Innen unterscheidet, und hast eine erste Repräsentation deiner Welt. Oder noch allgemeiner: Wiederhole die Differenz von Innen und Außen auf der Innenseite.
Man kann die in dieser abstrakten Vorstellung verwendete Differenz von Innen und Außen durch andere Begriffe ersetzen, durch moralische Vorstellungen von Gut und Böse, durch die ästhetische Unterscheidung von häßlich und schön, durch die Differenz von wahr und falsch; der allgemeine Mechanismus bleibt immer intakt. Ziehe eine Linie, die zwischen gut und böse unterscheidet, und nimm diese Unterscheidung als Grundlage deiner Weltsicht (zeichne sie auf der guten, der Innenseite, ein), dann besitzt du eine Moral. Triffst du auf jemanden, der die gleiche Differenz benutzt, dann zeichne auf der Innenseite ein, daß auf der Außenseite (bei dem von dir beobachteten Akteur) die Differenz vorkommt, mit deren Hilfe du die Welt beobachtest. Natürlich läßt sich Macht nicht auf ein logisches Kalkül reduzieren. Sie existiert nicht im luftleeren Raum abstrakter Differenzen. Dort werden nur allgemeine Strukturen sichtbar, die für ein Verständnis von Machtverhältnissen wichtig sind. Wie sie entstehen, ist eine andere Frage. Der Philosoph Friedrich Nietzsche hat in seiner Arbeit *Zur Genealogie der Moral*[25] eine radikale Interpretation der Entstehung

solcher Machtverhältnisse entwickelt, indem er untersucht, wie in der Menschheitsgeschichte die moralischen Begriffe von Gut und Böse entstanden sind und welchen Zwecken sie dienten. Moral, der Unterschied zwischen Gut und Böse, so wie wir ihn heute kennen, so Nietzsche, ist die Erfindung einer Priesterkaste, eines Menschenschlags, der den ursprünglich herrschenden wilden Kriegern körperlich unterlegen war und aus dieser Situation der Unterlegenheit heraus die Moral erfand. Folgen wir Nietzsche auf seinem Gedankengang, so sehen wir, daß eine naive Gegenüberstellung, die Vorstellung einer Opposition von Macht und Moral, uns leicht auf eine falsche Fährte führen kann, wenn wir versuchen, die Machtverhältnisse zu verstehen. Es sind nämlich letztlich nicht die Starken, die die Macht besitzen, sondern es sind die Schwachen, die sie sich durch eine List angeeignet haben. Nietzsches Deutung des Verhältnisses von Stärke und Schwäche, von Macht und Ohnmacht lenkt den Blick auf Zusammenhänge, die für unsere Fragestellung äußerst wichtig sind. Nietzsche bietet uns eine Deutung an, die für unser Problem bessere Dienste leistet als die Vorstellung eines ewigen und linearen Machtverhältnisses zwischen den Geschlechtern.

Durch die Erfindung der moralischen Begriffe von Schuld, Gewissen und Pflicht ist es den Schwachen gelungen, an die Macht zu kommen. Sie haben damit eine Ordnung eingeführt, die alles Spontane und Ungezügelte unterdrückt und bestraft. Doch diese scheinbar subtile Disziplinierung durch inneren Zwang von Gewissensbissen und Schuldgefühlen ist das Ergebnis eines erbitterten Kampfes, dessen Geschichte Nietzsche mit kaltem Blick erzählt.

Er unternimmt in seiner *Genealogie der Moral* die Rekonstruktion der moralischen Schlüsselbegriffe Gut und Böse, diese beiden Begriffe, die in unserem Denken so tief verwurzelt sind, haben eine Geschichte, in der die Macht eine wichtige Rolle spielt. Die ursprüngliche Differenz, die die Menschen verwendeten, war nach Nietzsche die zwischen Gut und Schlecht, noch ohne jeden moralischen Beigeschmack. Erst durch den »Sklavenaufstand der Moral«, wie er es nennt, verschiebt sich der Bedeutungsgehalt dieses Gegensatzes ins Moralische. Aus Gut und Schlecht wird allmählich der Unterschied von Gut und Böse. Wie ging diese Verschiebung vonstatten?

Gut, so Nietzsche, nannten sich die Mächtigen, und der Gegenbegriff »schlecht« bezeichnete »ursprünglich den schlichten, den gemeinen Mann noch ohne einen verdächtigenden Seitenblick, einfach im Gegensatz zum Vornehmen«. Die Guten, das sind die Mächtigen, die Vornehmen, die Gebietenden, die Reichen, die Besitzenden, die Wahrhaftigen, die Adligen, die blonden Hünen. Diese Figuren einer sozusagen a-moralischen oder prä-moralischen mythischen Vergangenheit bewundert Nietzsche. Sie leben wild und gefährlich, im Hier und Jetzt, kennen keine Furcht und lieben die Freiheit und bezeichnen sich selbst als die Guten. Doch allmählich und schleichend erfahren diese ursprünglichen Begriffe der Bewertung einen Bedeutungswandel. Die von den Mächtigen verwendete Differenz von gut (= vornehm, stark) und schlecht (= einfach, schwach) wandert dabei sozusagen nach innen, sie dient nicht mehr zur Beschreibung von mutigen Helden und tapferen Handlungen, sondern sie wird auf innere Haltungen bezogen – auf Moral. Mit dieser Verschiebung nun tritt eine wichtige Änderung in den Machtverhältnissen ein. Es herrscht, so Nietzsche, nicht mehr die Aristokratie der Krieger, sondern die Priester übernehmen das Szepter. Waren die Krieger ein Menschenschlag, der den offenen Kampf suchte, Abenteuer und das pralle Leben liebte, so sind die Priester, wie er sie nennt, eine Truppe von grauen und vergeistigten Asketen, nach innen gewandte, hinterhältige und vorsichtige Menschen. Diese Spezies ist ihm zutiefst zuwider. Mit ihnen tauche, so Nietzsche, die Abwertung des Körperlichen auf, die im diametralen Gegensatz zur blühenden und kraftstrotzenden Leiblichkeit der adligen Kriegerkaste steht:

> »Man wird bereits errathen haben, wie leicht sich die priesterliche Werthungs-Weise von der ritterlich-aristokratischen abzweigen und dann zu deren Gegensatze fortentwickeln kann; wozu es in Sonderheit jedes Mal einen Anstoss giebt, wenn die Priesterkaste und die Kriegerkaste einander eifersüchtig entgegentreten und über den Preis mit einander nicht einig werden wollen. Die ritterlich-aristokratischen Werthurteile haben zu ihrer Voraussetzung eine mächtige Leiblichkeit, eine blühende, reiche, selbst überschäumende Gesundheit, sammt dem, was deren Erhaltung bedingt, Krieg, Abenteuern, Jagd, Tanz, Kampfspiele und überhaupt alles, was starkes, freies, frohgemuthes Handeln in sich schliesst. Die priesterlich-vornehme Werthungs-Weise hat – wir sahen es – andere Voraussetzungen: schlimm genug für sie, wenn es sich um Krieg handelt! Die Priester sind, wie bekannt, die bösesten Feinde – weshalb doch? Weil sie die ohnmächtigsten sind. Aus der Ohnmacht wächst bei ihnen der Hass in's Ungeheure und Unheimliche, in's Geistigste und Giftigste. Die ganz grossen Hasser der Weltgeschichte sind immer Priester gewesen, auch – die geistreichsten Hasser: – gegen den Geist der priesterlichen Rache kommt überhaupt aller übrige Geist kaum in Betracht.«

Der Kampf zwischen den »Priestern« und den »Kriegern« geht weltgeschichtlich aus Nietzsches Sicht zugunsten der Priester aus. Der von ihnen angeführte Sklavenaufstand der Moral bringt jenes mit Ressentiments behaftete Denken hervor, das er heftig geißelt. »Während der vornehme Mensch vor sich selbst mit Vertrauen und Offenheit lebt, so ist der Mensch des Ressentiments weder aufrichtig, noch naiv, noch mit sich selbst ehrlich und geradezu. Seine Seele schielt; sein Geist liebt Schlupfwinkel, Schleichwege und Hinterthüren ... Eine Rasse solcher Menschen des Ressentiments wird nothwendig endlich klüger sein als eine vornehme Rasse, sie wird die Klugheit auch in ganz anderem Masse ehren.« Hier liegt der springende Punkt. Die ursprünglich Schwachen und Ohnmächtigen basteln sich mit der Moral eine scharfe Waffe, mit deren Hilfe sie alles Starke, Leibliche, der Welt offen Zugewandte in das schiefe Licht des Bösen stellen und verdammen können. Die Klugheit der Schwachen nimmt die Form der Hinterlist an, und ihre Moral ist die größte aller Hinterlisten und ihr stärkstes Machtmittel. Sie hat das »Böse« hervorgebracht, das im Gegensatz zum Guten steht. Sie hat eine Linie durch die Welt gezogen, die das Denken und Handeln bestimmt.

Gut und Böse im Sinne dieser Sklavenmoral aber verhalten sich genau umgekehrt zum Guten und Schlechten in der aristokratischen Wertordnung der Kriegerkaste. Böse im Sinne der Moral des Ressentiments ist »der ›Gute‹ der anderen Moral, eben der Vornehme, der Mächtige, der Herrschende, eben nur umgefärbt, nur umgedeutet, nur umgesehn durch das Giftauge des Ressentiments«. Das ist in Nietzsches Konstruktion der Welt verständlich, denn der Mensch des Ressentiments begegnet dem ursprünglich Mächtigen, Kriegerischen, Guten nur aus der Position des

Schwachen und Unterlegenen heraus: Die Umwertung der kriegerischen Tugenden, der ursprünglichen Macht, zu einem sogenannten moralischen Begriff des »Bösen« ist letztlich ein Produkt der Rache der Schwachen und Ohnmächtigen an den Starken und Mächtigen. Sie ist das Ergebnis des Sklavenaufstands der Moral, die die ursprüngliche Herrenmoral durch die rachsüchtig ziselierte »Herdenmoral« unserer Zeit ersetzt. Nicht mehr der Raubvogel, der die Lämmer schlägt, sondern das Lamm selbst wird durch die Sklavenmoral zum Herrscher.

Die Schwachen erfinden, so Nietzsche, in der Moral den freien Willen und das Subjekt, als »stehe es dem Starken frei, schwach und dem Raubvogel, Lamm zu sein: – damit gewinnen sie ja bei sich das Recht, dem Raubvogel es zuzurechnen, Raubvogel zu sein ... Wenn die Unterdrückten, Niedergetretenen, Vergewaltigten aus der rachsüchtigen List der Ohnmacht heraus sich zureden: ›Lasset uns anders sein als die Bösen, nämlich gut! Und gut ist jeder, der nicht vergewaltigt, der Niemanden verletzt, der nicht angreift ... der sich wie wir im Verborgenen hält, der allem Bösen aus dem Weg geht und wenig überhaupt vom Leben verlangt, gleich uns den Geduldigen, Demüthigen, Gerechten‹ – so heißt das, kalt und ohne Voreingenommenheit angehört, eigentlich nichts anderes weiter als: ›wir Schwachen sind nun einmal schwach; es ist gut, wenn wir nichts thun, wozu wir nicht stark genug sind‹ – aber dieser herbe Thatbestand der Klugheit niedrigsten Ranges ... hat sich dank jener Falschmünzerei und Selbstverlogenheit der Ohnmacht in den Prunk der entsagenden, stillen, abwartenden Tugend gekleidet, gleich als ob die Schwäche des Schwachen selbst ... eine freiwillige Leistung, etwas Gewolltes, Gewähltes, eine That, ein Verdienst sei. Diese Art Mensch hat den Glauben an das indifferente wahlfreie ›Subjekt‹ nöthig

aus einem Instinkte der Selbsterhaltung, Selbstbejahung heraus, in dem jede Lüge sich zu heiligen pflegt.«
Das Subjekt, die Person als Träger eines freien Willens, das sagt uns Nietzsche hier, ist eine Erfindung der Moral. Mit dieser Moral entsteht das Bild des Menschen, der sich beherrschen soll, der seine Triebe und Wünsche im Zaum halten, der vorsichtig sein und nicht über die Stränge schlagen soll. Dieses Menschenbild der Moral entwickelt sich zu einer mächtigen Waffe der Ohnmächtigen bei der Disziplinierung der ursprünglich Starken und Mächtigen.
Schwäche wird durch die moralische Brille so zum Verdienst, Ohnmacht zur Güte, ängstliche Niedrigkeit zur Demut, Unterwerfung zum Gehorsam, das ewige Wartenmüssen zur Geduld, Rache wird als Triumph der Gerechtigkeit verkleidet, Haß als Unrecht gebrandmarkt.
Nietzsche sieht den »Willen zur Macht« als Triebfeder der Menschheitsgeschichte, und er zeigt in seiner *Genealogie* zwei Wege, auf denen dieser Wille seine Wirkung entfaltet. Dieser Wille zur Macht liegt den beiden Gegensätzen Gut und Schlecht und Gut und Böse zugrunde. Seine Krieger bedienen sich zur Beschreibung ihrer selbst und der Welt des Gegensatzes gut und schlecht. Gut und böse hingegen ist das Gegensatzpaar, das für die weltgeschichtlich siegreiche Herdenmoral steht: Das Lamm hat über den Raubvogel gesiegt.
Ausgehend von diesen Überlegungen betrachtet Nietzsche die Entwicklung von Moral und Recht und findet überall als Triebfeder die Lust an der Grausamkeit, an der Machtausübung gegen einen anderen, dem ursprünglichen Herrenrecht, das die Schwachen jetzt auch in der Form der mit dem Recht entstehenden Strafe ausüben können. Das Zufügen von Leid ist ein für den Menschen ursprüngliches Vergnügen, eine Triebkraft, deren Ausleben ihm

Freude und Befriedigung bereitet. Wer seine Schulden nicht bezahlt, der muß durch Strafe leiden, dieses Leiden bereitet dem Gläubiger eine Befriedigung, und diese Befriedigung entspricht der Rückzahlung der ursprünglichen Schuld.

Die allmähliche Bändigung und Domestizierung dieser ursprünglichen Triebe im Lauf der Zeit – befördert durch den Sieg der Sklavenmoral – ist die Voraussetzung dafür, daß Kultur entsteht. Kultur und Gesellschaft beginnen, wenn sich die ursprünglichen Triebe nach innen wenden: »Alle Instinkte, die sich nicht nach außen entladen, wenden sich nach innen ...« Hier taucht bei Nietzsche eine Denkfigur auf, der später bei Sigmund Freud eine zentrale Rolle zukommt. Die Disziplinierung der ursprünglichen Triebe durch die Ausbildung des Über-Ichs ist bei Freud bekanntlich die Grundlage der Kultur.

Nun ist Triebverzicht, wie man weiß, eine ambivalente Angelegenheit. Für Nietzsche wird mit dem Auftauchen des schlechten Gewissens einerseits »die grösste und unheimlichste Erkrankung eingeleitet, von welcher die Menschheit bis heute nicht genesen ist, das Leiden des Menschen am Menschen, an sich: als die Folge einer gewaltsamen Abtrennung von der thierischen Vergangenheit, eines Sprunges und Sturzes gleichsam in neue Lagen und Daseins-Bedingungen, einer Kriegserklärung gegen die alten Instinkte, auf denen bis dahin seine Kraft, Lust und Furchtbarkeit beruhte«. Andererseits entstand damit aber auch etwas »Zukunftsvolles«. Als die Menschen begannen, gegen sich selbst grausam zu sein, schufen sie auch die Voraussetzungen, durch Selbstdisziplinierung und Askese über die Niederungen der Sklavenmoral hinaus zu wachsen. Am Ende, in einer fernen Zukunft, sieht Nietzsche am Horizont wieder den ursprünglich mächtigen und wilden Men-

schen, der jenseits von Gut und Böse lebt, am Horizont der Geschichte auftauchen.
Stellen wir Nietzsches Gedanken in den Zusammenhang unserer Überlegungen. Die ursprünglichen, wilden, kriegerischen Menschen lebten jenseits der Ordnung, des Verbots und der Moral. Sie waren stark, frei und mutig, liebten das Risiko und scheuten keine Gefahr. Diese ursprüngliche Vitalität, die Nietzsche mit der Macht verbindet, verschwindet im Lauf der historischen Entwicklung. An ihrer Stelle taucht die Ordnung der Differenzen auf, die von den Priestern verwaltete Moral, der von den Bürokraten kontrollierte Staat und die von den Experten überwachte Wahrheit. Die Menschen werden unter diesen Bedingungen einförmig, berechenbar, zuverlässig, schwächlich und verlieren jene Kraft und Spontaneität, jenen ursprünglichen Adel und die autonome Souveränität, die Nietzsche seinen mythischen Figuren zuschreibt. Die Macht ändert dabei ihre Gestalt. Sie wandert in die Ordnung ab. Sie erscheint verkleidet im Gewand der Disziplin, Kontrolle und Überwachung. Ihre Außenseite ist die Ordnung der Dinge und Menschen, der Formulare, Zertifikate und Diagnosen, ihre Innenseite das Gewissen, die Schuld und die Pflicht. Macht hat und mächtig ist, wer sich in der Ordnung bewegt, wer imstande ist, sich ihrer Differenzen von gut und böse, legal und illegal, wahr und falsch zu seinem Vorteil zu bedienen.
Das Szenario, das Nietzsche in einem menschheitsgeschichtlichen Rahmen entfaltet, der Kampf zwischen Kriegern und Priestern, mag für uns etwas pathetisch wirken. Aber findet man nicht das gleiche Entwicklungsmuster im Kleinen wieder? Werden nicht die ursprünglichen Aktivisten einer sozialen Bewegung im Lauf der Entwicklung abgelöst von den Verwaltern der Ordnung? Treten nicht die Wagemutigen in den Hintergrund zugunsten der Taktierer,

setzen sich nicht auf lange Sicht die Vorsichtigen, Berechnenden, die auf Recht, Ordnung und Anstand bedachten Ängstlichen durch, wenn es darum geht, wer in einer Organisation, einem Verein, einer Partei, einem Unternehmen das Sagen hat? Die Krämerseelen und Vereinsmeier können das Regime übernehmen, sobald es eine Geschäftsordnung gibt, Regeln, mit denen man operieren kann, Vorschriften, auf deren peinliche Einhaltung sie pochen können wie die Priesterkaste auf die Moral. Sie können nichts Neues erschaffen. Am Anfang stehen die Wagemutigen, die Entdecker, die Gründer, aber dann übernehmen die Verwalter, die Hüter der Ordnung, die fleißigen Arbeiter früher oder später die Macht. Jeder Anfang, so könnte man aus Nietzsches Sicht sagen, ist riskant, jeder Ursprung ist schöpferisch und zerstörerisch zugleich, aber bei der Erhaltung und Pflege des Geschaffenen kommt die Ordnung an die Macht. Und gegen die Ordnung ist der kriegerische riskante Wagemut eine schwache Kraft.

Gemeinsam sind wir stark – Macht jenseits der Herrschaft

Die Philosophin Hannah Arendt war vom Thema Macht ebenso fasziniert wie Friedrich Nietzsche. Allerdings denkt sie über das Problem auf eine vollkommen andere Art und Weise nach. Es wäre verlockend, diese Unterschiede in der Herangehensweise und im Denken entlang der Differenz von männlichen und weiblichen Arten des theoretischen oder philosophischen Umgangs mit dem Thema Macht zu interpretieren. Aber diese Interpretation würde zu kurz greifen. Man kann Nietzsche durch entsprechende Zitate aus seinem Werk als den finsteren frauenfeindlichen und obendrein antisemitischen Widerling entlarven, der seine unausgelebte Homosexualität in wirren Schimpftiraden gegen das Weibliche verarbeitet und letztlich in geistiger Umnachtung ein trauriges Ende nimmt. Hannah Arendt hingegen stellt auf das Zusammenhandeln der Menschen ab, auf das Gemeinsame, das sich im hellen Licht der Öffentlichkeit bildet. Das Privileg des Menschen ist es, so Arendt, einen Anfang setzen zu können, etwas Neues zu beginnen. Sie begreift den Menschen philosophisch von seiner Geburt, nicht von seinem Tod her, sieht ihn in voller Entfaltung erst in der Gemeinschaft der Freien und Gleichen. Arendt erscheint in allen ihren Äußerungen als das genaue Gegenstück zum finsteren Nietzsche. Aber auf diese Gegensätze lassen sich weder die Positionen der beiden reduzieren noch das Problem der Macht. Auch würde Hannah Arendt als feministische Philosophin schon deswegen scheitern, weil in ihrer Theorie der Macht und in den historischen Beispielen, die sie heranzieht, nur Männer vorkommen.

Arendt gilt als Vertreterin einer politischen Philosophie mit starkem demokratischen und republikanischen Ethos. Ihre Arbeiten hatten eine Renaissance vor ein paar Jahren, als sich die Anhänger der Protest- und Friedensbewegungen auf ihre Gedanken zum zivilen, das heißt gewaltlosen, aber nichtsdestotrotz machtvollen Widerstand gegen die Politik beriefen.

Ihr Verdienst ist es, durch die Gegenüberstellung von Macht und Gewalt einen sozialen und politischen Machtbegriff zu entwickeln.[26] Die Gewalt, so Arendt, kommt aus den Gewehrläufen, sie basiert auf physischer Kraft und Überlegenheit. Macht hingegen entsteht, wenn Menschen zusammen handeln, wenn sie sich zusammentun, um ein Ziel zu erreichen. Macht entsteht in der Kooperation zwischen Menschen, im gemeinsamen Handeln. Kooperation, gegenseitige Anerkennung und Gleichheit, das sind die Grundbegriffe der Macht bei dieser Autorin. Macht, wie sie Arendt versteht, ist nichts Negatives, nichts Verwerfliches, keine destruktive Kraft, sondern ein wichtiger Quell der Gestaltung allen sozialen Lebens.

Das klassische Beispiel, an dem Hannah Arendt diese Vorstellung immer wieder entfaltet, ist die Demokratie im alten Athen. Hier im Altertum und in den Schriften der griechischen Philosophen findet sie jenes Ethos, das sie bewundert und auf das sich im 18. Jahrhundert auch die Revolutionäre in Frankreich und Amerika bezogen. Die Männer und Frauen, die 1789 in Paris zum Sturm auf die Bastille ansetzten und den französischen König stürzten, um die Republik auszurufen, waren getragen vom Pathos der öffentlichen Rede. Der Geist ihrer Anführer war gebildet an der Lektüre der klassischen Autoren des griechischen Altertums.

Hannah Arendt hat die Bürger der griechischen Polis vor Augen, wenn sie über Macht und Politik schreibt. Auch ihre Helden, die Männer des alten Athen, sind elitäre Figuren, herausragende Personen, die sich von der Mehrheit abheben, ja die es darauf anlegen, sich hervorzutun und aus der Masse herauszuragen. Aber diese tapferen Helden treten aus der Einsamkeit ihrer Existenz nicht wie bei Nietzsche in die eisigen Höhen der einsamen Denker oder in die Savanne des Überlebenskampfes, sondern sie gehen hinaus in das Licht der Öffentlichkeit. Sie bewegen sich im Kreise der Gleichgesinnten. Erst dort, wo sich die Menschen gegenseitig als Freie und Gleiche begegnen und anerkennen, entsteht das, was Hannah Arendt als Macht bezeichnet. Wo Nietzsche fragt: Wer herrscht über wen, mit welchen Mitteln und wessen Wahrheit setzt sich durch?, kritisiert Arendt dieses Denken als Reduktion. In einem Essay mit dem programmatischen Titel *Macht und Gewalt* schreibt sie: »Erst wenn man die verhängnisvolle Reduktion des Politischen auf den Herrschaftsbereich eliminiert, werden die ursprünglichen Gegebenheiten in dem Bereich der menschlichen Angelegenheiten in ihrer eigentümlichen Vielfalt wieder sichtbar werden. Diese Gegebenheiten in unserem Zusammenhang und mit Bezug auf die oben genannten Begriffe lassen sich wie folgt spezifizieren: Macht entspricht der menschlichen Fähigkeit, nicht nur zu handeln oder etwas zu tun, sondern sich mit anderen zusammenzuschließen und im Einvernehmen mit ihnen zu handeln. Über Macht verfügt niemals ein Einzelner, sie ist im Besitz einer Gruppe und bleibt nur solange existent, als die Gruppe zusammenhält.«[27]

Der Ausgangspunkt ist hier die Vielheit, die sich zu einer – machtvollen – Einheit verbindet. Politik, schreibt sie in ihrer fragmentarisch gebliebenen Einführung zu diesem Thema, »beruht auf der Tatsache der Pluralität der Menschen. Gott hat *den* Menschen geschaffen, *die* Menschen sind ein menschliches, irdisches Produkt, das Produkt der menschlichen Natur. Da die Philosophie und die Theologie sich immer nur mit *dem* Menschen beschäftigen, da all ihre Aussagen richtig wären, wenn es nur Einen Menschen, oder nur Zwei Menschen, oder nur identische Menschen gäbe, haben sie keine philosophisch gültige Antwort auf die Frage: Was ist Politik? gefunden. Schlimmer noch: Für alles wissenschaftliche Denken gibt es nur *den* Menschen – in der Biologie oder der Psychologie, wie in der Philosophie und der Theologie, so wie es für die Zoologie nur *den* Löwen gibt. Die Löwen wären eine Angelegenheit, die nur die Löwen etwas anginge.«[28]

Freiheit gewinnen die Menschen erst, wenn sie mit ihresgleichen als Gleiche zusammen sind. Arendt demonstriert diesen Zusammenhang am Beispiel der Politik im griechischen Altertum: »Der Einzelne in seiner Vereinzelung ist niemals frei; er kann es nur werden, wenn er den Boden der Polis, also den öffentlichen Raum, betritt und in ihm agiert. Bevor die Freiheit eine Art Auszeichnung eines Menschen oder Menschentypus wird – etwa des Griechen gegen den Barbaren –, ist sie ein Attribut für eine bestimmte Form der Organisation von Menschen und nichts sonst. Ihr Entstehungsort liegt niemals in einem wie immer gearteten Inneren des Menschen, seinem Willen oder seinem Denken oder seinem Fühlen, sondern in dem Zwischen-Raum, der überhaupt nur entsteht, wo mehrere zusammenkommen, und der nur solange bestehen kann, als sie zusammenbleiben.«[29] In diesem öffentlichen Raum, der erst entsteht durch das Handeln der Menschen, atmen alle gemeinsam die Luft der Freiheit, werden durch ihr gemeinsames Handeln zum vereinigten Willen, zur »volonté générale«, wie es später bei Jean-Jacques Rousseau, dem französischen Vordenker der Republik, heißen wird.

Als Gegenbeispiel für diese helle Sphäre der Öffentlichkeit dient Hannah Arendt bezeichnenderweise der Raum des privaten Haushalts oder, in heutigen Begriffen, die Familie: »So sehr fiel für die Römer die Familie in den Bereich des Nicht-Freien, daß Mommsen das Wort ›familia‹ kurzweg mit ›Knechtschaft‹ übersetzte. Der Grund für diese Knechtschaft aber war ein doppelter, er lag einmal darin, daß der ›pater familias‹, der Hausvater, als wirklicher Monarch oder Despot allein über seinen vielfältigen Hausstand, der mit Frau, Kindern und Sklaven die ›familia‹ bildete, herrschte und ihm also die Gleichberechtigten fehlten, vor denen er in Freiheit hätte erscheinen können. Und er lag zweitens darin, daß dieser von einem beherrschte Haushalt keinen Kampf oder Wettkampf zulassen durfte, weil er eine Einheit bilden mußte, die von widerstreitenden Interessen, Standorten und Gesichtspunkten nur zerstört werden konnte. Damit entfiel automatisch jene Vielfalt von Aspekten, in denen sich frei zu bewegen, der eigentliche Inhalt des Frei-Seins, des In-Freiheit-Handelns-und-Redens war. Kurz, Unfreiheit war die Voraussetzung einer in sich ungespaltenen Einheit, die für das Zusammenleben in der Familie so konstitutiv war wie Freiheit und Kampf miteinander in der Polis.«[30]

Betrachten wir nochmals den Zusammenhang, den Arendt hier entfaltet: Macht entsteht im öffentlichen Raum durch das Zusammenhandeln von Freien und Gleichen im Wettstreit der Meinungen um die Frage: Was sollen wir tun? Die Wahrheit der Dinge wird erst in diesem Zusammenspiel sichtbar, tritt hervor und gewinnt jene Mächtigkeit, mit der sie sich im gemeinsamen Handeln durchsetzt. Die griechische Polis, die römische »res publica«, die Öffentlichkeit, jener kollektive soziale Körper also, der Träger und Subjekt des allgemeinen Willens und der politischen Macht ist, steht der Sphäre des Privaten gegenüber, in der ein Despot unumschränkt herrscht, um die Einheit des Verbandes zu sichern.

Auf der einen Seite also ein Raum der Freiheit und Gleichheit, auf der anderen Seite ein Ort, der sozusagen nicht wahrheitsfähig ist und an dem die Herrschaft in einer Person konzentriert ist. Der zentrale Schönheitsfehler dieser Konstruktion ist – wenn man sie an den historischen Beispielen mißt – der Ausschluß der Frauen aus dem machtgenerierenden Bereich der Öffentlichkeit. Das verweist auf eine tieferliegende Ebene von Machtbeziehungen, von Machtverhältnissen zwischen den Geschlechtern, die Arendts politischer Theorie zugrunde liegt.

Hier wird deutlich, daß im Rückblick auf die geschichtliche Entwicklung im Altertum die Grundlage der Macht in einem Akt des sozialen Ausschlusses besteht. Jener Typus von politischer Macht, deren Theorie Hannah Arendt entwirft, basiert auf dem Ausschluß von Frauen aus der Sphäre der Öffentlichkeit, ja diese Sphäre entsteht erst durch den Ausschluß der Frauen. Die für die soziale und politische Ordnung wichtige Unterscheidung zwischen Freiheit und Unfreiheit verläuft in den Kulturen des klassischen Altertums im wesentlichen entlang der Linie der Geschlechter. Männer sind frei (oder können es, wenn sie Sklaven sind, unter bestimmten Bedingungen werden), Frauen sind von Natur und von Haus aus unfrei. Sie haben in diesen Gesellschaften keine Möglichkeit, Freiheit zu erwerben. Freiheit aber ist eine, wenn nicht die wesentliche Voraussetzung für die Teilnahme am öffentlichen Leben. Die Frau gehört in den Bereich des Privaten, und dort gibt es im klassischen Altertum keine Freiheit. Dieses Denken sitzt tief. Es beschreibt nicht nur verschiedene Sphären des Lebens, sondern verschieden bewertete Bereiche. Bei Aristoteles, dem großen Philosophen des griechischen Altertums, heißt es: »Endlich verhält sich Männliches wie Weibliches von Natur aus so zueinander, daß das eine das Bessere, das andere das Schlechtere und das eine das Herrschende und das andere das Dienende ist.«[31]

Will man diese Denkweise verstehen, so genügt es nicht, auf feministische Kritikschablonen an männlicher Dominanz zurückzugreifen. Die Unfreiheit der Frau ist die Folge eines Denkens, das unterscheidet zwischen dem Haushalt, der Familie, also dem Bereich, der bei den Griechen »oikos« heißt, und dem des Staates, der sich aus der Vielzahl der Familien bildet. Die Familien sind die Teile, der Staat und mit ihm die Sphäre der Öffentlichkeit sind das Ganze.

Das Ganze aber beherrscht nach der Logik der alten Griechen die Teile. Auch wenn man damals schon wußte, daß es zunächst Familien gab, bevor sich eine größere politische Ordnung in der Form der Polis oder des Staates entwickelte, so bleibt doch diese die herrschende und beherrschende Form. Frauen aber leben in der Familie, in der Privatsphäre, und sind damit auch immer abhängig. Sie treten nicht hinaus ins Licht der Öffentlichkeit, sondern organisieren den Haushalt. Aber selbst dort sind sie dem Manne, dem Oikodespoten, wie er bei den Griechen heißt, oder dem »pater familias«, wie ihn die Römer nennen, untertan. Der Mann hat die Möglichkeit, das Recht, ja die Pflicht, als Bürger aus dieser Sphäre heraus- und in den Bereich der politischen Öffentlichkeit einzutreten. Frauen aber bleibt der Zugang in diese Sphäre versperrt.

Dennoch, auch wenn sich historisch die Öffentlichkeit als Ort der Macht, wie ihn Hannah Arendt beschreibt, als eine rein männlich dominierte Sphäre entwickelte – der allgemeine Mechanismus, daß Macht durch das Zusammenhandeln der Menschen entstehen kann, gilt unabhängig vom Geschlecht. Auch Nietzsches Kritik der Macht läßt sich jenseits einer einfachen feministischen Kritik verallgemeinern.

Die Macht, die Hannah Arendt beschreibt, ist typisch für revolutionäre Verhältnisse. Sie gewinnt ihre historischen Beispiele auch aus diesem Bereich. Diese Macht entwickelt sich sozusagen im Binnenraum der Öffentlichkeit, sie entsteht zwischen den Menschen, die sich dort zusammentun. Aber diese Macht verschwindet, wenn die Menschen auseinandergehen. Nietzsches Macht dagegen ist ewig, eingegraben in die Körper durch Moral, gelagert in den Archiven, materialisiert in den Ordnungen und Verfahren der Bürokratie. Kafkas Figuren sind Opfer von Nietzsches

Macht. Die Hüter dieser Macht sind nicht Arendts helle Hellenen, es sind die Mönche, die Priester, die Männer mit den Ärmelschonern, die die Akten verwalten.
Das Dilemma der Machtverhältnisse zwischen Männern und Frauen läßt sich zwischen diesen beiden Formen der Macht ansiedeln. Männer und Frauen treten sich nicht als Gleiche gegenüber, die tiefverwurzelte Ordnung der Geschlechter hält sie in ihrem Bann, und jeder Versuch der Befreiung in feministisch inspirierter Absicht ist in diesem Horizont gefangen. Frauen mögen gemeinsam ein soziales Terrain befreiter Weiblichkeit, eine Sphäre weiblicher Öffentlichkeit schaffen, und dort kann im Sinne von Hannah Arendt jene Macht entstehen, die sich gegen die patriarchale Ordnung wendet. Doch diese Ordnung hat den kulturellen Feldvorteil traditionsmächtiger, strukturbildender und exklusivitätsichernder Differenzen auf ihrer Seite. Gegen die Macht geteilter Gemeinsamkeit setzt sie die Macht der Differenz.

Macht und Wahrheit – Deutungen und Umdeutungen

Der Zusammenhang von Macht und Dummheit ist sprichwörtlich. Der Herrscher, der die Welt nur aus der Sicht der Hofschranzen sieht, die ihm aus seinem Reich berichten, wird dumm. Es gibt die schöne Anekdote über Erich Honecker, an dessen Route bei der Fahrt im offenen Wagen durch die heruntergekommenen Städte die Häuserfassaden bis in den ersten Stock frisch gestrichen wurden. Man wußte, daß Honecker nie den Blick nach oben wendet, daher genügte es, dem großen Vorsitzenden bis zum ersten Stock den Eindruck einer blühenden Stadt zu vermitteln.

Autoren wie Arendt und Nietzsche erinnern uns an einen anderen Zusammenhang. Sie zeigen die engen und vielfältigen Zusammenhänge von Macht und Wahrheit. Zwei Begriffe, die nicht nur nach einem weitverbreiteten Alltagsverständnis, sondern auch in manchen theoretischen Ansätzen diametral gegeneinandergestellt werden. Die Wahrheit könne sich nur einstellen, wenn sie nicht durch Macht unterdrückt werde, Macht verzerre die Wahrheit, nur unter den Bedingungen der sogenannten herrschaftsfreien Kommunikation könne Wahrheit im Gespräch gefunden werden, nichts sei so mächtig wie die Wahrheit – Vorstellungen dieser Art sind ebenso landläufig wie oberflächlich plausibel. Sie sind, wie Nietzsche es formulieren würde, zwar falsch, aber der Glaube an sie ist für die Menschheit nötig.

Demgegenüber läßt sich mit guten Gründen ein enger Zusammenhang zwischen Macht und Wahrheit annehmen. Das Verhältnis zwischen den beiden Begriffen läßt sich umdrehen: Macht bringt Wahrheit hervor, Anspruch auf Wahrheit hat das, was sich durchsetzt. Diese Sichtweise mag zunächst Protest hervorrufen, sie widerspricht unseren Intuitionen, die Macht emotional eher negativ, Wahrheit eher positiv besetzen. Dennoch, diese Umkehr der traditionellen Sichtweise eröffnet für unser Thema wichtige Perspektiven.

Wovon reden wir, wenn wir von Wahrheit sprechen? Ist der Satz, die Erde sei eine Kugel und drehe sich um die Sonne, wahr? Wie sieht es aus mit der These, daß Menschen in jeder Situation ihren Nutzen kalkulieren und danach sich für jene Alternative des Handelns entscheiden, die ihnen den größten Nutzen verspricht? Wie steht es mit der Behauptung, der Mensch habe sich im Lauf der Evolution aus anderen Formen des Lebens entwickelt, und, last, not least, was hat es – wahrheitsmäßig – mit Aussagen des Typs: »Frauen sind weniger rational in ihrem Denken und Handeln als Männer« auf sich?

Jede dieser »Wahrheiten« ebenso wie die entsprechenden Gegenpositionen wurden irgendwann, irgendwo allgemein für wahr gehalten, und jenen, die sich dagegen stemmten, wurde bestenfalls der gesunde Menschenverstand abgesprochen, schlimmstenfalls mußten sie für das Festhalten an ihrer Wahrheit mit dem Leben zahlen. Welche Wahrheit sich durchsetzte, hing ab von den Machtverhältnissen, die heute bei Bedarf als Mehrheitsverhältnisse erscheinen.

Als aufgeklärte Menschen lösen wir dieses Problem durch Temporalisierung. Wir tragen die Widersprüche auf einer Zeitachse ab und begreifen die historische Entwicklung als Lerngeschichte. Früher habe man es eben nicht besser gewußt, nicht umsonst nennen wir das Mittelalter dunkel. Als entfalte sich ein göttlicher Plan der Erkenntnis, glauben wir an den Fortschritt, zumindest im Reich der gültigen Wahrheiten. Dementsprechend ist es nicht verwunderlich, wenn soziale Bewegungen Wetten auf die Zukunft anbieten. Die Frauenbewegung sieht dann das Ende des männlichen Zeitalters heraufdämmern, die Öko-Bewegung sehnt das Ende des Atomzeitalters herbei, die Avantgarde der Deuter moderner Gesellschaften bedient sich des Präfix »post-« wie in Postmoderne, Poststrukturalismus oder postindustriell. Man möchte die Vergangenheit mit ihren Irrtümern hinter sich lassen und der Wahrheit entgegenschreiten.

Bei allen Wetten auf die Zukunft: Wahr ist das, was sich hier und heute als wahr durchsetzt, und das hat nichts mit einem irgendwie zeitlosen, ewigen Maßstab oder einem gerichteten historischen Prozeß zu tun, sondern mit den herrschenden Machtverhältnissen. Ändern sich diese, so ändern sich auch die Wahrheitsverhältnisse. Dieser Zusammenhang läßt sich bei jeder Kriegsberichterstattung beobachten. Liefern die Bilder der chirurgisch präzisen Bombenschläge, die uns die Nato zeigt, die Wahrheit, oder zeigen die Bilder des irakischen oder serbischen Fernsehens die Wahrheit des Krieges, sind die Zahlen über Opfer in der Zivilbevölkerung richtig oder falsch? Solange der Krieg andauert, ist diese Frage nicht klar zu beantworten. Nach dem Ende eines kriegerischen Konflikts, wenn sich der Staub gelegt, wenn eine Seite gesiegt hat, wird auch dieser Kampf um die Wahrheit entschieden. Dann lernen wir, daß das, was uns die Verlierer während des Krieges gezeigt haben, Propaganda, Fälschung und Fehlinformation war, und es wird uns die »eigentliche« Wahrheit vermittelt.

Man muß aber gar nicht in die Sphäre solcher Extreme oder der ehern erscheinenden wissenschaftlichen Wahrheiten steigen, um den Zusammenhang von Macht und Wahrheit zu studieren. Wir finden ihn auch im Alltag. Dort wird nicht nur mit der Differenz von Vergangenheit, Gegenwart und Zukunft operiert, sondern auch mit dem Unterschied von innen und außen. Es mag ja sein, so verläuft hier die Überlegung, daß es nach außen hin so aussieht, aber eigentlich (lies: in Wahrheit) ist es ganz anders. Diese Form der Umdeutung finden wir vermutlich nicht mehr, wenn es um die Frage geht, ob die Erde sich um die Sonne dreht, sie begegnet uns aber im Geschlechterkampf an der Frontlinie zwischen Männern und Frauen. Auch hier setzt sich zumeist eine Wahrheit durch, das heißt, jeder, der von außen beobachtet, wird sagen, hier habe X stattgefunden. Nichtsdestotrotz kann es passieren, daß einer der Beteiligten auf Befragen meint, es handle sich um ein U.

Nehmen wir ein alltägliches Beispiel, das eine typische Situation beschreibt, in der verschiedene Wahrheiten auftauchen, aber nur eine sich mit Macht, das heißt in der Welt des Handelns, durchsetzt. Meine Bekannte Christl ist Malerin. Sie teilt eine Altbauwohnung als Atelier mit einem Kollegen, der es gelegentlich als Wohnung nutzt. Eines Tages haben die beiden einen Streit – über den Zustand der Küche. Er: »Hier sieht es aus wie in einem Saustall.« Sie: »Dann muß man mal den Dreck wegmachen.« Er: »Die Stühle hier sind vollgeschmiert mit deinen Farben.« Sie: »Das ist schließlich ein Atelier und keine Kantine« … Die Eskalation entfaltet sich über den Wortwechsel hin. Letztlich macht Christl sich über die Küche her und putzt. Sie erzählt diese Geschichte so, als habe sie in dem Konflikt den Sieg davongetragen. Denn eigentlich, so ihre Überlegung, habe es ihr nichts ausgemacht, die Küche zu putzen. Außerdem habe ihr Kollege mit diesem Streit nur einen Beleg für seinen Minderwertigkeitskomplex geliefert (er war im Vergleich zu ihr relativ erfolglos); schließlich habe sie ihm damit gezeigt, daß sie es nicht nötig habe, mit ihm zu streiten, habe ihn also gedemütigt. Christl war zufrieden – und ihr Kollege ebenfalls. Sie hatte im ursprünglichen Konflikt eingelenkt, hatte das getan, wozu sie von ihm aufgefordert worden war, das stellte ihren Kontrahenten zufrieden. Sie hatte sich in ihrem Kopf eine Deutung zurechtgelegt, die für sie als die eigentliche Wahrheit erschien, so daß sie der festen Überzeugung war, der Konflikt sei zu ihren Gunsten ausgegangen. Ein außenstehender Beobachter der Szene hätte vermutlich einen Mann und eine Frau gesehen, die eine Auseinandersetzung über die Frage haben, wer die Küche putzt, wobei am Ende die Frau die Arbeit macht. Die beteiligten Personen selbst, zumindest die Frau, würden eine andere Schilderung des Vorfalls liefern, die um einen inneren Dialog erweitert ist, der die »eigentlichen«, die wahren Beweggründe des Handelns beleuchtet.

Welche Macht wirkt hier? Es ist die subtile Macht der Geschlechterverhältnisse, der normalformtypischen Erwartungen, der tief eingegrabenen kulturellen Stereotypen von Männer- und Frauenbildern. Frauen und Männer werden unterschiedlich wahrgenommen, und diese Differenz ist aufgeladen mit Vorstellungen über angemessene Arbeitsteilung, Verhaltensweisen, Rollenverteilungen, und notfalls sind Putzen und Hausarbeit dann eher Frauensache. Solche Denk- und Wahrnehmungsmuster wirken sozusagen noch unterhalb der Ebene manifester Überzeugungen, sie gehören zu jener Schicht des mentalen Apparats, auf der die grundlegenden kulturstiftenden Differenzen angesiedelt sind. Sie sind direkt kaum zu attackieren.

Solche kleinen Episoden zeigen eine allgemeine Struktur, die sich in vielen Fällen wiederfindet. Das, was in der äußeren, allen zugänglichen Realität passiert, sieht anders aus, wenn man es aus der Position der Beteiligten betrachtet. Möglicherweise lag Christl mit ihren Deutungen über die Befindlichkeit ihres Kollegen ja richtig, vielleicht hatte er wirklich einen Minderwertigkeitskomplex, vielleicht fühlte er sich wirklich gedemütigt von ihr – aber die Küche hat sie geputzt. Was immer in den Köpfen der Leute vorgehen mag, es hat oft nichts mit dem zu tun, was in der äußeren Realität passiert. Konfrontationen, Auseinandersetzungen, ein Streit um die Frage, wer was zu tun hat, wer was bekommt oder wer recht hat, all das läßt sich so lösen, daß derjenige oder in den meisten Fällen diejenige, die nachgibt, die Forderungen des anderen erfüllt, dessen Meinung zustimmt, für sich selbst und vor sich selbst eine alternative Deutung entwickelt, die das eigene Verhalten in einen Sieg oder Gewinn umformt. Aus der Sicht von Dritten jedoch und auch im Hinblick auf spätere Situationen handelt es sich um eine Niederlage. Wer die Küche nicht putzt, hat mehr Zeit, andere Dinge zu tun, wer in einer Auseinandersetzung recht behält, kann sich später auf seine Position berufen (»Aber du hast doch damals gesagt, daß ich recht habe ...«).

Frauen wird vor dem Hintergrund der in unseren Gesellschaften existierenden Geschlechtsrollenstereotypen diese Strategie der Umdeutung nicht als Kompensation eigener Schwäche, sondern vielmehr als positive weibliche Reaktionsweise ausgelegt. Sie können sich dabei auf einen Vorrat an allgemein geteilten Überzeugungen und Lebensweisheiten berufen. Der Klügere gibt nach, wer zuletzt lacht, lacht am besten ... Sprüche dieses Typs nützen den Unterlegenen, sie dienen dazu, die Schwachen in die Position der Starken zu hieven, die ihr Nachgeben als Klugheit bezeichnen, die ihre Rache oder ihren Erfolg in die Zukunft projizieren.

Die innere Emigration, die in der Tasche geballte Faust, die in den Kopf verlegten Abenteuer, die hinter dem Rücken herausgestreckte Zunge sowie alle nach innen gewendeten Formen der Aggression sind Reaktionen der Ohnmacht im Angesicht tiefverwurzelter Machtverhältnisse. Magersucht etwa ist eine typisch weibliche Form solcher Autoaggression. Männer wenden ihre Aggression nach außen, sie werden gewalttätig gegen andere, Frauen zeigen selbstdestruktive Verhaltensweisen. Um die Männer kümmert sich dann die Polizei, um die Frauen die Psychiatrie.

Sind Frauen vielleicht weniger zu Aggression fähig, eher geleitet von quasi natürlichen mütterlichen Instinkten, die sie angesichts eines Konflikts zunächst nach Ausgleich und Kooperation suchen lassen und sie im Falle mißlungener Einigung zum Verzicht drängen, sich zurückziehen lassen?

Die beobachtbaren Unterschiede im Aggressionsverhalten von Männern und Frauen lassen sich verallgemeinern zur

These einer generell höheren Kooperationsbereitschaft und geringeren Aggressionsneigung von Frauen. Über diese These wird heftig gestritten. Sie taucht in unterschiedlichen Variationen auf. Die einen sehen die Differenz als biologisch gegeben an, andere betrachten sie als evolutionär erworben und wieder andere als gesellschaftlich definierte Zuschreibung. Die derzeit in der wissenschaftlichen Diskussion diskutierte Standardargumentation verläuft in etwa so: Für Frauen beziehungsweise für weibliche Tiere bei den Primaten sind die Kosten physisch aggressiven Verhaltens höher als für Männer, daher ist weibliche Aggression evolutionär weniger entwickelt. Die »Kosten« in dieser Modellvorstellung werden berechnet unter dem Gesichtspunkt des reproduktiven Erfolgs. Das heißt, eine Verhaltensweise wird unter dem Gesichtspunkt bewertet, welchen Beitrag sie für die eigene Fortpflanzung, für die Sicherung des eigenen Nachwuchses und damit für die Verbreitung und Weitergabe der eigenen Gene leistet. Das Überleben der Mutter ist für die Überlebenschancen der Brut wichtiger als das Überleben des Vaters. Väter oder männliche Primaten allgemein haben größere Vorteile, wenn sie sich in Statuskämpfe mit Geschlechtsgenossen einlassen. Dieses evolutionäre Erbe habe sich bis in die Zivilisation unserer Zeit erhalten: Männer gelten dann als attraktiver, wenn sie Macht haben, wenn sie ihren Geschlechtsgenossen ökonomisch, geistig oder körperlich überlegen sind. Attraktivität erhöht die Chancen – hier schlägt die Biologie wieder zu –, eine Vielzahl möglicher Geschlechtspartnerinnen zu erobern und damit das eigene genetische Potential möglichst breit zu verteilen. Daher werden diejenigen Männchen sich durchsetzen, die ebendiese Art der extrovertierten Aggression an den Tag legen. Für das weibliche Geschlecht hingegen mendelt sich im

Lauf der Evolution die Strategie der Konfliktvermeidung heraus: Körperliche Auseinandersetzungen, die zu Verletzungen oder gar Tod führen können, müssen vermieden werden, um für die Aufzucht des Nachwuchses zur Verfügung zu stehen. Auch dieses Muster verlängert sich in die Kultur hinein. Frauen neigen dementsprechend weniger zu riskanten sozialen Manövern, sind vorsichtiger, zurückhaltender, weniger auf Statusgewinn erpicht und suchen eher eine sichere Nische zum Überleben als den Erfolg im Kampf mit ihresgleichen – oder gar mit Männern.

Für derartige Theorien lassen sich, wenn man an der richtigen Stelle sucht, natürlich auch Belege finden. Doch treten sie in der Wissenschaft erbitterte Diskussionen und Kontroversen los, die deutlich machen, daß alles auch ganz anders sein könnte. Nichtsdestotrotz: Weibliche Aggression ist ein Thema, das erklärungsbedürftig erscheint, während am Stammtisch wie in der Wissenschaft das aggressive Verhalten von Männern als quasi naturgegeben erscheint.

Aber liegt in einem unterschiedlichen Aggressionspotential überhaupt eine Ursache für Machtunterschiede zwischen Männern und Frauen? Läßt sich die Stabilität existierender Machtverhältnisse durch Rückgriff auf Aggression erklären, oder sichert sich die Macht nicht auf andere Art und Weise, mit Hilfe anderer Mechanismen ab? Gibt es nicht subtilere Formen, die Macht zu sichern? Wahrheitspolitik ist eine Form der Machtsicherung.

Jeder Angriff auf die Machtstruktur, jede Kritik, die an ihr im Namen einer anderen Wahrheit vorgebracht wird, führt mit einer unerbittlichen Konsequenz zur Zerstörung des Angreifers. Das läßt sich an den weiblichen Kritikerinnen männlicher Dominanz ebenso zeigen wie an Männern, die den herrschenden Konsens attackieren. Zerstörung ist in unseren Gesellschaften nicht mehr im wörtlichen Sinne zu

verstehen. Hier lodern keine Scheiterhaufen mehr, wie sie für die Häretiker des Mittelalters aufgeschichtet wurden. Auch sperrt man die Widerspenstigen nicht mehr in die Psychiatrie, wie es zeitgenössische Gesellschaften autoritären Zuschnitts getan haben. Die herrschende Ordnung hat vielmehr die Rolle des Hofnarren für diejenigen vorgesehen, die sich ihr im Namen von Wahrheit und Vernunft widersetzen und die herrschenden Machtverhältnisse attakkieren. Jede offene und intensive Attacke auf den herrschenden Status quo wird mit Ausschluß aus dem Kreis der ernst zu nehmenden Zeitgenossen geahndet. Frauen, die sich gegen die herrschende Moral der Männer öffentlich äußern, werden als frustrierte Emanzen gebrandmarkt, Männer, die sich gegen die herrschenden Verhältnisse stellen, als Querulanten und Wirrköpfe.
Derartige Zuschreibungen bleiben nicht ohne Folgen. Wer erst einmal als Mediziner die Praxis der ärztlichen Profession öffentlich gegeißelt hat, wer als hoher Militär den Irrwitz des Rüstungswettlaufs kritisiert, wer als Manager den Unsinn der industriellen Produktion bloßstellt oder wer als Frau die Ausbeutung durch die Männer öffentlich und rücksichtslos an den Pranger stellt, der oder die übernimmt irgendwann die Rolle des Hofnarren, die für solche Kritiker vorgesehen ist. Damit wird auf der einen Seite die Kritik neutralisiert, sie wird reduziert auf eine bestenfalls interessante, schlimmstenfalls erheiternde Meinung von Außenseitern. Auf der anderen Seite stabilisiert sich auf diese Weise das angegriffene medizinische, militärische, industrielle oder patriarchale Establishment. Anhand derartiger Schleifen, durch die Kritik in Zustimmung umgemünzt wird, läßt sich die Wirkungsweise des Macht-Wahrheits-Mechanismus studieren. Dieser Mechanismus funktioniert in kleiner Runde nach dem gleichen Muster wie in der öf-

fentlichen Diskussion. Er trifft die Kollegin, die in der männlich dominierten Runde am Arbeitsplatz auf die Einhaltung bestimmter Standards der Gleichberechtigung hinweist, genauso wie den Bundeswehrgeneral, der in den Medien öffentlich die Nato-Strategie kritisiert, oder den Wissenschaftler, der die herrschenden Methoden, Theorien und Überzeugungen seiner Kollegen in Frage stellt. Sie alle werden belächelt, ignoriert, als Außenseiter abgetan und beleuchten von außen die Pracht des herrschenden Denkens.

Zwar ist in der Mediengesellschaft die Rolle der radikalen Kritik auch eine lukrative und attraktive Position, man denke an Gerd Bastian, Julius Hackethal oder Alice Schwarzer – die alle in der Rolle der Kritik zu Ruhm und Ehre gelangt sind. Aber der von diesen Personen und den von ihnen vertretenen Positionen ausgehende Glanz ist nur der Widerschein der herrschenden Meinung. Sie werden gehört, weil sie es wagen, gegen den Konsens zu löcken.

Anspruch auf das Prädikat »wahr« hat hingegen die Meinung, die sich als mehrheitsfähig durchgesetzt hat. Das mag sich irgendwann ändern, doch meist findet diese Änderung nicht deswegen statt, weil diejenigen, die über die herrschende Wahrheit verfügen, sich von einer Alternative durch gute Argumente oder sonstige Beweise überzeugen lassen. Wie ein bekannter Physiker einmal sagte: Wissenschaftliche Theorien verschwinden nicht deswegen, weil sie widerlegt werden, sondern weil ihre Vertreter aussterben. Dies dürfte allerdings für Frauen, die sich gegen männlich dominierte Macht stellen, nur eine geringe Hoffnung sein.

Wie wir gesehen haben, determiniert Macht das, was wir für wahr halten, sie formt unser Denken, Fühlen und Handeln. Macht, das zeigen uns Hannah Arendt und Friedrich Nietzsche, entsteht einerseits im Zusammenhandeln der Menschen und ist andererseits in den Falten der Moral versteckt. Sie muß nicht unbedingt etwas mit ursprünglicher Stärke zu tun haben, sie kann zum Beispiel auch darin bestehen, daß die Mehrheit der Schwachen, Ängstlichen und Ohnmächtigen in einer Art und Weise zusammenhält, die die Stärkeren, Tapferen und Mächtigen zu Fall bringt, wie es Nietzsche demonstriert.

Schauen wir uns die Macht der Männer noch einmal genauer an. Betrachten wir, wie die sogenannten mächtigen Männer zu dem geworden sind, was sie sind, nämlich mächtige Männer, und sehen genauer hin, worin ihre Macht eigentlich besteht. Bisher haben wir gesehen, daß es den Männern immer wieder gelingt, Machtpositionen zu schaffen und daß die Frauen, so sie denn auf der Jagd nach der männlichen Macht eine männliche Zitadelle erobern, diese meist leer vorfinden; Macht und Männer sind ausgeflogen.

Vielleicht aber kämpfen die Frauen auch nur gegen Windmühlen. Könnte es sein, daß sie männlichen Vorstellungen aufsitzen, daß sie den Schein, den die Männer mit dem verbreiten, was sie als ihre Macht ausgeben, für die Realität der Macht halten? Vielleicht verbirgt sich hinter dem Glanz der Macht nur ein paradoxes Spiel der Differenzen.

Frauen scheinen zunächst die Schwächeren zu sein. Man nannte sie lange Zeit das schwache Geschlecht, und auch unsere beiden Kronzeugen aus dem Bereich der Philosophie kennen ausschließlich tapfere Männer. Aber lassen wir uns nicht täuschen. Denn Frauen sind auch häufig als Bedrohung der männlichen Ordnung wahrgenommen worden. Gerade Nietzsche, dem das Etikett des Frauenfeindes anhaftet, schreibt anerkennend: »In der Rache und in der Liebe ist das Weib barbarischer als der Mann.«[32] Das scheinbar schwache Geschlecht bedroht die starken Heroen – wie soll das gehen? Der Mechanismus ist relativ trivial und läßt sich an einer Reihe von Beispielen demonstrieren. Die Differenz männlich/weiblich ist eine der zentralen Achsen unserer Kultur. Das Männliche ist, seinem eigenen Selbstverständnis nach, das Dominante. Männer sind vernünftig, rational, aktiv, vorausschauend, tragen Verantwortung und begeben sich in Gefahr. Derartige Stilisierungen funktionieren aber nur, wenn sie ein Gegenstück haben. Denn die Vernunft erstrahlt als solche nur im Angesicht der Unvernunft, Rationalität gewinnt ihren Sinn nur, wenn es auch irrationales Handeln gibt, gegen das es sich absetzen kann. Hier wirkt der Mechanismus sprachlicher Ordnung, wie wir ihn bei der Analyse der Macht gefunden haben.

In diesem Sinne sind Frauen als Figur, als Bild und als Stereotyp das Produkt der männlichen Phantasie. Männer projizieren in das Bild der Frau ihre eigenen weiblichen Anteile, ihre eigene Hysterie. Sie brauchen das Weibliche als Projektionsfläche ihrer Männlichkeit und als Zwischenlager für ihre eigene Weiblichkeit. Frauen übernehmen diese Stereotypen von Weiblichkeit, sie orientieren sich daran, und zwar in doppelter Hinsicht. Sowohl im Positiven wie im Negativen. Frauen versuchen entweder den männlichen Vorstellungen gerecht zu werden, oder sie versuchen, sich kritisch dagegenzustellen. In beiden Fällen aber bleiben sie der ursprünglichen Differenz verhaftet. Sie sind entweder das Weibchen, oder sie sind das Anti-Weibchen. In diesem

Horizont ist letztlich auch die Frauenbewegung gefangen. Das nimmt ihr die Schärfe, macht sie berechenbar und ungefährlich. Aber auch Männer orientieren sich innerhalb dieses zweipoligen Schemas der Geschlechter. Der starke, tapfere Mann ist ein Opfer seiner eigenen Stereotypisierung. Der schwache Mann, das Weichei, der Softie und Warmduscher ist sein Anti-Typ, das, wovor sich ein echter Mann hüten sollte. Männer disziplinieren sich durch solche Negativbilder selbst und werden erst damit zu »richtigen« Männern. Auch diese Gegenüberstellung basiert auf der problematischen Alternative von männlich/weiblich. Sie ist genauso wichtig und wirksam, wie sie verkehrt und machtstabilisierend ist.

Die Verletzung solcher Grenzen zwischen dem Männlichen und dem Weiblichen ist bedrohlich. Sie fordert ihre Opfer, und das sind meistens die Frauen. Es gibt hierfür eine Reihe an berühmten historischen Beispielen, aber auch viele Fälle, die sich alltäglich vor unseren Augen abspielen. Da ist die junge Polizistin, die sich mit ihrer Dienstwaffe erschießt, weil sie sich angeblich im Umgang mit ihren männlichen Kollegen nicht mehr zurechtfand. Aber waren es nicht vielmehr die männlichen Polizeibeamten, die nicht mit ihrer Kollegin zurechtkamen? Waren es nicht die Reaktionen einer gestörten Männlichkeit, die dazu führten, daß die junge Frau sich das Leben nahm? Da ist die erfolgreiche Ärztin bei der Bundeswehr. Eine Frau wie aus dem Bilderbuch der Emanzipation. Sie war beliebt bei der Truppe, sie war ausgebildet als Hubschrauberpilotin und Fallschirmspringerin, sie kümmerte sich im militärischen Rang eines Oberfeldarztes (die Bundeswehr kennt keine weiblichen Formen der Dienstgrade) mit Engagement um die Gesundheit ihrer Untergebenen. Aber sie war offensichtlich zu erfolgreich, sie war zu beliebt, sie war nicht gefürchtet, sondern anerkannt, sie war nicht die übliche graue Maus, sondern eine Person mit eigener Meinung, mit Profil, Ecken und Kanten. Damit erregte sie das Mißfallen ihrer Vorgesetzten. Man wurde auf sie aufmerksam. Sie sollte versetzt werden. Dagegen wehrte sie sich, lehnte eine Beförderung ab, nur um an ihrem Arbeitsplatz bleiben zu können. Dann kam der Marschbefehl. Sie wurde aufgefordert, ihren Dienstort zu verlassen und an anderer Stelle, ohne direkten Kontakt mit der Truppe, eine neue Tätigkeit zu beginnen. Es wurde auch eine Untersuchung gegen sie eingeleitet, weil sie in ihrem Tätigkeitsbereich als Ärztin angeblich gegen die Vorschriften der Armee verstoßen hatte. Die Vorwürfe konnten nicht begründet werden. Dennoch, die Versetzung war nicht mehr rückgängig zu machen. Die Frau unternahm einen Selbstmordversuch und liegt seitdem im Koma.

Zwei Fälle, die das Problem sichtbar werden lassen: Wenn die männliche Ordnung durch Frauen gefährdet wird, dann wird diese Gefährdung durch Eliminierung der Frauen beseitigt. Das ist ein Versuch, diese Ordnung aufrechtzuerhalten. Erinnern wir uns an Margaret Thatcher. Ihr wurde Weiblichkeit abgesprochen, weil sie mächtig war. Die Tatsache, daß sie eine Frau war, irritierte die Männer. Sie wurde als Frau symbolisch eliminiert.

Eines der bekannteren Beispiele aus der Mythologie ist die Geschichte des chinesischen Generals Sun Tzu, der die Konkubinen des Kaisers militärisch ausbilden wollte. Diese Geschichte belegt zweierlei: Erstens, daß Frauen die männliche Ordnung mit spezifisch weiblichen Mitteln durcheinanderbringen können, und zweitens, daß die Ordnung der Männer über Jahrhunderte und in den verschiedensten Kulturen auf Gewalt und Tod aufbaute. In der einschlägigen feministischen Ratgeberliteratur wird die Geschichte meist nur zur Hälfte erzählt, als die Geschichte des Sieges der Frauen über den militärischen Drill von Gehorsam und Disziplin. Harriet Rubin schildert in ihrem Buch *Machiavelli für Frauen*, das als Ratgeber für Frauen Strategie und Taktik im Kampf der Geschlechter lehren soll, die Geschichte folgendermaßen:

> »Die Legende sagt, daß Sun Tzu, als er für eine Reihe von großartigen Siegen gefeiert wurde, damit prahlte, daß es niemanden gäbe, aus dem er nicht einen hervorragenden Soldaten machen könne. ›Niemanden?‹ fragte der Herrscher, ›nicht einmal meine wunderschönen Konkubinen?‹ ›Nicht einmal sie‹, beharrte Sun Tzu. Also versammelte Sun Tzu am nächsten Morgen die zwölf Frauen im Hof des königlichen Schlosses und begann, ihnen die Grundregeln des Marschierens beizubringen. Er reihte sie auf und bellte seine Befehle. Die Konkubinen fanden es lächerlich, wie festgewurzelte Bäume nebeneinanderzustehen und einem Verrückten zu lauschen, der ›Hab acht!‹ brüllte. Sie brachen in Kichern aus. Sie standen auf und gingen umher, wie sie wollten. Nachdem er einen Morgen lang nicht den kleinsten Erfolg erzielt hatte, erschien Sun Tzu vor dem Kaiser und gestand gedemütigt sein Scheitern ein. Er sagte, die Konkubinen seien zu dumm, um die Kunst der Kriegsführung zu erlernen. Er begriff niemals, daß es ihre Fähigkeit war, ihn zu übertreffen, die ihm seine erste und einzige Niederlage eingebracht hatte.«[33]

Das klingt nach Erfolg, aber es ist nur ein Teil der überlieferten Geschichte. Sun Tzu, der als chinesischer Feldherr in der Zeit der Hegemonialkriege zwischen 512 und 506

v. Chr. gewirkt haben soll, ist durch sein Traktat über die dreizehn Gebote der Kriegskunst bekannt geworden. Sein Versuch, den Frauen des Königs von Wu das Kriegshandwerk beizubringen, endete nicht da, wo Harriet Rubin ihre Geschichte aufhören läßt. Die Frauen versicherten Sun Tzu, daß sie seine Befehle durchaus verstanden hatten. Es sollen übrigens nicht zwölf, sondern einhundertachtzig Frauen gewesen sein. Als die Frauen dem Feldherrn sagten, daß ihr Verhalten nicht darin begründet lag, daß sie seine Befehle nicht verstanden hätten, daß sie also nicht zu dumm seien, ihm zu gehorchen, reagierte Sun Tzu streng militärisch: »Ihr lehnt euch auf. Dafür sieht das Militärgesetz den Tod vor. Ihr werdet also sterben.« Der König Wu wurde über diesen Vorfall informiert, und er verbot Sun Tzu, seine Frauen schlecht zu behandeln, insbesondere seine Lieblingsfrauen. Darauf ließ Sun Tzu dem König antworten: »Ihr habt mir den Auftrag gegeben, diese Frauen in die Kriegskunst einzuführen, das übrige ist meine Sache.« Sun Tzu schlug mit seinem Säbel den beiden Anführerinnen, beides Lieblingsfrauen des Königs, den Kopf ab und ersetzte sie durch andere. Danach nahm er seine Exerzierübungen mit ihnen wieder auf. Und als ob diese Frauen ihr Leben lang nur das Kriegshandwerk betrieben hätten, folgten sie schweigend und fehlerlos den Befehlen.[34]

Man sieht, die Geschichte hat eine Fortsetzung und zwei Seiten. Der Sieg der Frauen über die männliche Disziplin ist von kurzer Dauer und endet im Tod. Diese Geschichte zeigt die Struktur der Differenz männlich/weiblich erstens deutlich und zweitens jenseits der einfachen Vorstellung eines Erfolgs des Weiblichen über das Männliche. Was sie demonstriert, ist die tiefgreifend verankerte Wirksamkeit einer Differenz, die die herrschenden Machtverhältnisse hervorbringt.

Auch andere Figuren der Mythologie zeigen die Wirkung dieser Differenz. Judith, die der biblischen Legende nach aus ihrer belagerten Heimatstadt sich in das Lager der feindlichen Truppen einschleicht und dort dem Feldherrn Holofernes, nachdem sie mit ihm gespeist hat, das Haupt abschlägt, worauf die Belagerer flüchten, ist in der Ordnung der Geschlechter immer nur als Monstrosität vorstellbar. Sie hat die Kunst inspiriert, Botticelli, Cranach und Donatello hat sie zu Bildern und Plastiken angeregt, und die literarischen Adaptionen der Figur sind Legion. Das Vergehen dieser Frau ist die Überschreitung der Geschlechterlinien. Sie hat getötet und zwar nicht aus dem Affekt, sondern aus heroischen, das heißt männlichen Motiven. Sie hat den von ihrer Rolle vorgeschriebenen Weg verlassen, und dieses abweichende Verhalten muß jetzt erklärt werden. Da bleiben letztlich nur die Psychologie und die Pathologie. Ähnliches gilt für Dalila, die Geliebte des Samson, die ihm, während er schläft, die langen Haare abschneidet und ihn damit seiner Kraft beraubt, so daß er von seinen Feinden überwältigt werden kann. Auch Salome, die ihren Stiefvater bezirzte und von ihm das Haupt von Johannes dem Täufer forderte, gehört in diese Tradition der mythischen Frauenfiguren, die aus ihrer Rolle fielen und seither als permanente Bedrohung der Geschlechterordnung Kunst und Literatur anregen. Sie tauchen in jedem Jahrhundert in neuen Typisierungen auf.
Der Literaturwissenschaftler Hans Mayer hat solchen Frauenfiguren und ihrer Geschichte einige ausführliche Kapitel in seinem Buch *Außenseiter* gewidmet.[35] Außenseiterinnen waren sie allemal, aber interessanter noch als die Geschichten, die sich mit ihnen verbinden, sind die Reaktionen, die sie hervorrufen. Autoren wie Otto Weininger, der zu Beginn des 20. Jahrhunderts mit seinem Buch *Ge-*

schlecht und Charakter einen Bestseller schrieb, der über zwanzig Jahre hinweg immer wieder neu aufgelegt wurde – 1922 erschienen die 23. und 24. Auflage –, war eine jener klassischen Figuren, an denen sich jene Form der Kulturkritik studieren läßt, die den Untergang des Abendlandes als Beschimpfung des Weiblichen inszeniert. Weininger, der sich kurz nach Erscheinen seines Buches im Alter von dreiundzwanzig Jahren erschoß – was sich im übrigen positiv auf den Verkauf desselben auswirkte –, war das Sprachrohr eines Zeitalters, das den Untergang seiner traditionellen Ordnung erlebte und diesen Zerfall auf die Ordnung der Geschlechter projizierte. Man versuchte zu retten, was nicht zu retten war, und sei es durch nostalgische Beschwörung des heroisch männlich-deutschen Wesens, das durch Frauen und Juden zersetzt wurde. Auch bei Nietzsche finden sich Anklänge an diese dem Zeitgeist geschuldete Angst. Man könnte die Motivlage dieses Zeitalters weiter verfolgen und käme dann etwa auf die romantische Stilisierung der Zweisamkeit von Mann und Frau, die ihre Erfüllung im Privatbereich einer heilen Welt finden soll, einer Sphäre, die aber letztlich auch nur als Rückzugsgebiet des Mannes aus dem Schrecken des weltgeschichtlichen Chaos konzipiert ist. Die Frau wirkt hier als Erfindung des Mannes, als Symbol einer verschwundenen Differenz. Die imaginierte Weiblichkeit im Rahmen einer ursprünglich von Männern erfundenen sexuellen Ordnung, wie sie am Ende des 19. Jahrhunderts Gestalt annimmt, spielt eine wichtige Rolle zur Erhaltung des männlichen Selbstbilds.

Kehren wir zurück zum Problem der Macht. Frauen, so haben wir gesehen, wirken als Bedrohung der männlich dominierten Ordnung, wenn sie sich nicht an die ihnen zugewiesene Rolle halten. Diese Art der Verletzung von Erwartungen ist für die existierenden Machtverhältnisse bedrohlicher als jede andere Form der offenen Konfrontation. Jede Kritik am Patriarchat, die sich ihm auf seinem eigenen Terrain, das heißt im Namen der Rationalität und der Ordnung nähert, kann mit den Bordmitteln des männlichen Logos abgewehrt werden. Bedrohlich wirken Frauen, wenn sie die Ordnung der Geschlechter durcheinanderbringen oder sie ins Lächerliche ziehen.

Hier hilft dann nur mehr, wie das Beispiel des chinesischen Generals Sun Tzu zeigt, die Anwendung von Gewalt. Sun Tzu fühlte sich durch die lachenden Konkubinen vermutlich stärker bedroht als durch eine große Streitmacht auf dem Schlachtfeld, denn die lachenden Konkubinen verunsicherten ihn, während ihm die Konfrontation mit Feinden auf dem Schlachtfeld bekannt war.

Doch der Mechanismus der Eliminierung wirkt nicht nur entlang der Geschlechterlinien. Es gibt auch scheinbar mächtige Männer, die an der Macht der Konvention und der herrschenden Ordnung scheitern, wie etwa die Figur des Don Giovanni in Mozarts gleichnamiger Oper. Don Giovanni ist mehr als nur ein Weiberheld, ein Don Juan. Er ist zugleich auch jemand, der sich über Konventionen hinwegsetzt, der sich der Ordnung der Geschlechter widersetzt. Er liebt die Frauen, und sie lieben ihn. Aber er tut dies außerhalb jeder gesitteten Ordnung und jenseits von Klasse und Stand. Die Magd Zerlina ist ihm ebenso willkommen wie die adligen Damen Donna Anna und Donna Elvira. Als Don Giovanni gegen Ende der Oper zur Hölle fährt, weigert er sich, seinen Leidenschaften abzuschwören, er weigert sich zu bereuen und die Ordnung anzuerkennen. Mit einem dreifachen Nein widersteht er der Forderung des aus dem Grabe auferstandenen Komturs, sich reumütig zu seinen Sünden zu bekennen. Am Schluß triumphieren die Mächte der Ordnung, des Trauscheins und der ehelichen

Treue. Don Giovanni, der alle Konventionen durcheinandergebracht hat, der seinen Diener Leporello in der Verkleidung des Edelmanns zur adligen Geliebten schickt, weil er selbst nicht zum vereinbarten Rendezvous erscheinen kann, da er gerade hinter der Magd Zerlina her ist, er, der Herr und große Verführer, der sich nicht um die Regeln der Etikette schert, fährt letztlich uneinsichtig und stolz zum Teufel hinab. Sein Tod ist der Sieg der Macht der Ohnmächtigen. Er geht an der herrschenden Moral zugrunde, wird ein Opfer der Hohepriester der Ordnung und Berechenbarkeit, der Hüter des Anstands. Er scheitert an jener Macht, die entsteht, wenn die Ängstlichen, Vorsichtigen und Anständigen, die Moralischen und Konventionellen zusammen handeln. Man muß sich die Existenz solcher Figuren immer wieder vergegenwärtigen, denn sie erinnern uns daran, daß in der Machtdifferenz zwischen Männern und Frauen nur die Variationen eines Themas entlang einer Linie sichtbar werden, daß die Macht mehr Gesichter hat, als sie der Kampf der Geschlechter zeigt.

Die Herrschaft der grauen Mäuse – Männer an der Macht

Mächtige Männer schreiben nicht nur Geschichte, sie schreiben auch ihre Geschichte nach ihren Vorstellungen. Die Heroen unseres Zeitalters, seien es Politiker, Unternehmer oder herausragende Wissenschaftler, stilisieren sich in biographisch gehaltenen Rückblicken auf ihr Leben und Wirken oft als zielstrebige, mutige, risikofreudige und vorausschauende Menschen. Wer einmal an der Macht ist, wer eine Position in einer mehr oder weniger machtvollen Institution eingenommen hat, der erstrahlt im Lichte seiner

Stellung und wird zum erstrebenswerten Vorbild. Aber der von Faszination geprägte Blick auf die Spitze von Machtpyramiden sieht nicht, wie diejenigen, die dort angekommen sind, es geschafft haben, diese Positionen zu erreichen. Die männlichen Machtträger haben sich mühsam nach oben gearbeitet, Stufe für Stufe auf der Leiter der Hierarchie. Das nennen sie dann euphemistisch: das Geschäft von der Pike auf lernen. Auch verschwindet im strahlenden Licht der Macht die Frage, was diese Figuren dort hält, was ihnen die Gefolgschaft derjenigen sichert, über die sie Macht ausüben. Nicht jeder kann wie Sun Tzu gegen das machterodierende Lachen zum Säbel greifen und Köpfe rollen lassen.

Macht basiert auf Organisation, auf Ordnung und Klassifikation, und mächtig werden diejenigen, die über die Fähigkeit verfügen, sich in solchen Strukturen geschickt zu bewegen. Es gibt in der Politik, in der Wissenschaft und in der Wirtschaft Positionen, von denen aus Macht ausgeübt wird, und diejenigen, die sich dort festsetzen, werden als mächtig bezeichnet. Man schreibt ihnen Fähigkeiten zu, gewährt ihnen Rechte und Entscheidungsmacht, und so entsteht der Eindruck, als habe diese Person besondere Eigenschaften, die sie zur Machtausübung prädestinieren. Aber es sind nicht die einer mächtigen Person zugeschriebenen Talente und Begabungen, sondern ihre Fähigkeit, in die Position zu kommen, in der man ihr diese Fähigkeiten und Talente zuschreibt, die man als Voraussetzung für den Erwerb von Macht mitbringen muß.

Das kann man sich ganz einfach klarmachen an den Beispielen von Darwin, Marx und Freud, drei – männliche – Heroen des Geistes, die das kulturelle, politische und intellektuelle Gesicht unseres Jahrhunderts wie kaum sonst jemand geprägt haben. Charles Darwin stürzte die herrschende Lehre vom göttlichen Schöpfungsakt durch seine Entdeckung der Evolution der Arten. Karl Marx lieferte mit seiner Kritik der politischen Ökonomie den Schlüssel zum Verständnis der Entwicklung der modernen Gesellschaften aus dem Begriff der menschlichen Arbeit, und Sigmund Freud schließlich entthronte das Subjekt und führte den menschlichen Geist zurück auf seine Wurzeln im Reich der Triebe. Jede dieser drei Figuren war auf ihre Weise revolutionär, und ihr Erbe hat machtvolle Wirkungen bis in die Gegenwart hinein entfaltet. Aber zu Lebzeiten hatte keiner der drei eine wirklich mächtige Position in dem System inne, das für die wissenschaftliche Forschung und Produktion anregender intellektueller Neuerungen zuständig ist. Keiner war auf dem Weg einer normalen akademischen Karriere an einer normalen Universität erfolgreich. Das akademische System schloß sie mehr oder weniger lange und mehr oder weniger erfolgreich von seinen Machtpositionen aus. Ihnen widerfuhr, was vielen Frauen alltäglich in den männlich dominierten Institutionen des akademischen Betriebs widerfährt. Wenn es um die Besetzung von renommierten Lehrstühlen geht, um angesehene Positionen in der Leitung von Forschungsinstituten, dann sollte man weder Frau sein noch außerhalb des akademischen Mainstreams zu große intellektuelle Originalität entfalten. Als Sigmund Freud sich vor seine Wiener Kollegen der medizinischen Fakultät stellte und einen Vortrag hielt, in dem er ihnen zu erklären versuchte, daß es der sehnlichste Wunsch eines jeden kleinen Jungen sei, mit seiner eigenen Mutter sexuell zu verkehren, da formulierte er zwar eine kühne Hypothese und eine der wichtigen Grundlagen der Psychoanalyse, aber er verhielt sich nicht wie jemand, der erfolgreich seine akademische Karriere vorantreibt. Er, dem bei entsprechendem Wohlverhalten zumindest bis zur

Machtübernahme durch die Nazis eine glänzende Karriere als Nervenarzt bevorgestanden hätte, verdarb sich seine Chancen mit diesem Vortrag. Darwin zögerte lange, bevor er seine Überlegungen zur Entstehung der Arten zu Papier und an die wissenschaftliche Öffentlichkeit brachte, da er wußte, daß er sich damit im Kreis der wichtigen Kollegen sicherlich keine Freunde machen würde. Karl Marx schließlich konnte dank der großzügigen Unterstützung durch seinen begüterten Freund und Kollegen Friedrich Engels ein Leben als Privatgelehrter, zurückgezogen in der Bibliothek des Britischen Museums in London führen, wo er in Ruhe an seinen Manuskripten arbeitete. Heute sind es Privatdozentinnen, Oberärztinnen, ausgewiesene Forscherinnen, denen ein ähnliches Schicksal widerfährt. Sie verbleiben in der zweiten Reihe, während ihre männlichen Kollegen auf der Karriereleiter an ihnen vorüberziehen. Ausnahmen gibt es nur in jenen Bereichen, die offiziell im Kanon der akademischen Wissenschaft als frauentypisch gelten. Aber trifft das zum Beispiel auch für medizinische Fächer wie Gynäkologie zu? In Deutschland gibt es keinen einzigen Lehrstuhl in diesem Fach, der von einer Frau besetzt ist.

Solche Beispiele zeigen überdeutlich, daß die Fähigkeiten, die man braucht, um in einem System Karriere zu machen und in eine machtvolle Position zu gelangen, nicht nur mit den offiziell propagierten Qualifikationen zu tun haben müssen, die man mächtigen Männern zuspricht. Es genügt nicht, wie die Beispiele dreier herausragender Männer und einer Vielzahl weniger prominenter Frauen im akademischen System zeigen, ein brillanter Wissenschaftler und kluger Kopf zu sein, um im Wissenschaftssystem Anerkennung zu finden. Im Gegenteil, Brillanz kann oft hinderlich wirken. Anpassungsfähigkeit ist mindestens ebenso wichtig wie Originalität. Orientierung am Mainstream der Forschung, Mitarbeit bei den richtigen Figuren, möglichst den Mandarinen der herrschenden Meinung, Präsenz an den richtigen Orten bei den richtigen Tagungen, Publikation in den richtigen Zeitschriften, Bezugnahme auf die richtigen Autoren und bei Bedarf ein gerütteltes Maß an Biegsamkeit des intellektuellen Rückgrats sind wichtige Voraussetzungen einer erfolgreichen Karriere im akademischen System. Es existieren hier zwei Codes, zwei Norm- und Regelsysteme, mit deren Hilfe man die Entwicklung des akademischen Systems erklären kann. Auf der einen Seite gibt es den offiziellen Code, dem gemäß es um Originalität, Innovation und letztlich nur um die Sache, nicht um die Personen geht. Auf diese Kriterien beruft man sich auch, wenn es um wichtige Berufungen geht. Auf der anderen Seite aber spielen persönliche Vorlieben, politische Haltungen, strategische Überlegungen und auch das Geschlecht der betreffenden Kandidaten eine wichtige Rolle bei der Entscheidung über die Vergabe akademischer Posten. Die wichtige Leistung besteht darin, Entscheidungen, die sich an diesem zweiten Code orientieren, so darzustellen, daß sie in Begriffen des ersten, offiziellen Codes plausibel erscheinen. Den Zugang zu denjenigen Positionen, von denen aus innerhalb des akademischen Systems Macht ausgeübt werden kann, regelt dieser zweite Code.

Das gleiche gilt für die Politik. Die offiziell geforderten hohen moralischen Qualitäten politischer Führungsfiguren, eine Orientierung am Gemeinwohl und dem, was das größte Glück für die größte Zahl ist, sind einer erfolgreichen politischen Karriere, die bis in die Spitzenpositionen führt, in hohem Maße hinderlich. Ein amerikanischer Politikwissenschaftler hat das auf die prägnante Formel gebracht: Wer es geschafft hat, sich von einer der großen Parteien als

Präsidentschaftskandidat nominieren zu lassen, der hat damit den Beweis erbracht, daß ihm die moralische Qualifikation für dieses Amt fehlt. Diese Feststellung bezog sich übrigens nicht auf das Sexualleben der amerikanischen Präsidenten. Sie wurde lange vor der Wahl Bill Clintons formuliert. Worum es dabei geht, ist die Fähigkeit, sich als moralisch integre Person darzustellen und dabei zugleich ohne feste moralische Prinzipien zu handeln; sich die richtigen Partner für den richtigen Zeitpunkt auszusuchen, mit Versprechungen zu locken und Versprechungen zu geben, an die man sich später tunlichst nicht mehr erinnert, und dabei konsequent jeden Schritt auf dem Weg zur Mehrheit der Stimmen so zu planen, daß potentielle Konkurrenten nicht zum Zuge kommen. Das ist ein langer und harter Weg, auf dem viele scheitern – weil sie ihn nicht gehen wollen oder weil sie ihn nicht gehen können. Dieser Weg führt über den Besuch von Jahresversammlungen der örtlichen Feuerwehr und Kaninchenzüchtervereine über die Präsenz in lokalen Gremien der Ortsvereine, aus verrauchten Hinterzimmern einer Kneipe langsam in jene Sphären, die man dann der großen Politik zurechnet. Nicht umsonst haben sogenannte Quereinsteiger in der Politik kaum Chancen, längere Zeit in ihrem Amt zu überleben. Ihnen fehlt die im Laufe einer politischen Karriere von der untersten Stufe an erworbene Fähigkeit zum Umgang mit der politischen Macht.

Die deutschen Kanzler der jüngsten Vergangenheit sind die lebenden Beweise für diese These. Helmut Kohl ist im Bauch der politischen Maschine die Stufen der Macht hinaufgeklettert, ohne jemals nennenswerten Kontakt mit der Welt außerhalb der Ortsvereine, Fraktionssitzungen und Parteigremien zu haben. Seine Macht basierte nicht auf visionären Ideen, auf vitaler Durchsetzungskraft oder einer

mitreißenden Rhetorik. Die intime Kenntnis der Binnenverhältnisse, das feingesponnene Netz aus Loyalitäten und Abhängigkeiten, das Gespür für sich wandelnde Stimmungen und Mehrheiten, gepaart mit der sprichwörtlichen Fähigkeit zum Aussitzen der Probleme, das war das Kapital dieses Kanzlers. Das Bild, das ihn als den welthistorisch bedeutsamen Vater der deutschen Wiedervereinigung zeigt, den der Mantel der Geschichte gestreift hat, ist das Produkt der Hauschronisten und Hofmaler. Ähnliches gilt für seinen Nachfolger, der, wenn auch in einer anderen politischen Partei, den gleichen Weg zur Macht gegangen ist.
Auch in der Wirtschaft, in dem Bereich also, wo angeblich nur meßbare Leistung in der Form von Profit zu Macht und Erfolg führt, gilt es zu unterscheiden zwischen den strahlenden Selbstdarstellungen der Mächtigen und dem grau-groben Gewebe, aus dem die Macht entsteht. Die Angehörigen der wirtschaftlichen Führungselite in diesem Land mit Günter Ogger als »Nieten in Nadelstreifen« zu bezeichnen mag eine polemische Zuspitzung sein. Damit ist nichts über die Beschaffenheit und Funktionsweise dieser männlich dominierten Domäne ausgesagt. Wären Frauen hier besser als ihre männlichen Kollegen? Wir werden diese Frage noch ein wenig hintanstellen. Betrachten wir zunächst die sich selbst über die Zeit stabilisierenden Strukturen von großen Wirtschaftsunternehmen. Auch hier fallen Rhetorik und Praxis auseinander. Die blumige Sprache der Unternehmensberater und Management-Gurus, die von Kreativität, von Risikobereitschaft, Innovationsfähigkeit und Flexibilität reden, liefert die Schlagwörter für das geschickte Selbst-Marketing eines Bereichs, der von ganz anderen Triebkräften gesteuert wird. Kreativität, Innovationsfähigkeit und Flexibilität sind für diejenigen, die sie ausüben sollen, meist nur angsterzeugende Bedro-

hungen. Der junge dynamische Betriebswirt, der frisch von der Universität seine erste Stelle als dritter Assistent des zweiten Geschäftsführers antritt, wird schnell merken, wo die unsichtbaren Grenzen liegen, die er respektieren muß, wenn er Karriere machen will. Er wird lernen, daß Kreativität heißt, auch mit schlechten Vorgaben seiner Vorgesetzten eine gute Figur zu machen, daß Risikobereitschaft sich darauf beschränkt, gegebenenfalls für die Folgen eigener Entscheidungen Verantwortung zu übernehmen, wenn etwas schiefgeht. Er wird lernen, Innovationsfähigkeit und Flexibilität als unbegrenzte und klaglos akzeptierte Anpassungsfähigkeit an undurchsichtige und schnell wechselnde Vorgaben zu buchstabieren, als permanente und ohne Murren hingenommene Verfügbarkeit der eigenen Person für die Firma.

Hat er diese Fähigkeiten unter Beweis gestellt, wird man ihn mit einer neuen Aufgabe betrauen. Man wird ihn zum Beispiel für ein paar Jahre ins Ausland schicken. Dort kann er dann demonstrieren, daß er imstande ist, Mitarbeiter zu führen, sich an neue Bedingungen anzupassen, und vor allen Dingen, daß er bereit ist, sein eigenes Leben in den Dienst des Unternehmens zu stellen, daß er loyal gegenüber den Zielen und Vorgaben der Firma ist und sein eigenes Privatleben wie Handgepäck zu behandeln in der Lage ist, daß er ein sogenannter »Company Man« ist. Während dieser Zeit muß er aufmerksam und mißtrauisch nach drei Seiten schauen: nach oben, zur Seite und nach unten. Der Blick nach oben ist auf den Vorgesetzten gerichtet. Hat man seine Ansprüche erfüllt, hat man sein Wohlwollen, kann man auf seine Unterstützung rechnen, fallen genügend Gunstbeweise von dort ab, oder muß man vielleicht noch mehr tun oder sich eher ein wenig zurücknehmen, um nicht allzu sehr im Vordergrund zu stehen und möglicherweise als gefährliche Konkurrenz zu wirken? Der Blick zur Seite gilt den Kollegen. Wer von ihnen könnte ein potentieller Konkurrent sein, wer steht in der informellen Hierarchie neben, unter oder über einem, mit wem kann man kooperieren, wem kann man welche Informationen zukommen lassen, von wem kann man Informationen bekommen, und wer ist vertrauenswürdig, wer nicht? Sollte man sich mit dieser oder jener Person außerhalb des Büros treffen, sollte man private Kontakte pflegen oder lieber zurückhaltend sein, um die eigenen Aufstiegschancen nicht zu verschlechtern? Nach unten schließlich übt sich der Blick der zukünftigen Führungskraft ein: Auf wen muß man achten, wächst da vielleicht eine Konkurrenz nach, jemand, der einen selbst auf dem Weg nach oben behindern oder gar überholen könnte, gibt es gutwillige und loyale Untergebene, die man in die eigene Seilschaft aufnehmen sollte, die man mit kleinen Aufträgen betrauen kann, deren Ausführung der eigenen Karriere nützt? Wen soll man belohnen und umwerben, wie kann man sich die richtige Mischung aus Anerkennung, Zutrauen und Angst auf seiten der Nachgeordneten sichern?

Nur wer sich dauerhaft mit solchen Fragen beschäftigt, hat das Zeug zur Führungskraft. Vorsicht, Mißtrauen, strategisches Kalkül, permanente Witterung und Orientierung an wechselnden Windrichtungen sind die Fähigkeiten, die gefragt sind, wenn man in den Olymp der wirtschaftlichen Macht aufsteigen will. Der Weg dahin ist gepflastert mit Selbstverleugnungen unterschiedlichster Art. Je höher man dann die Karriereleiter hinaufklettert, desto ähnlicher werden sich die Figuren. Der Mechanismus gleicht dem einer Anordnung von Rüttelsieben mit immer feineren Maschen. Wer es schafft, durch die groben Maschen des ersten zu gelangen, der bleibt möglicherweise an der feinmaschigeren

Barriere des zweiten hängen. Wer dort noch durch die Löcher paßt, der verfügt möglicherweise über zu viele Ecken und Kanten, so daß er am nächsten oder übernächsten Raster scheitert. Am Ende schließlich kommt fein gesiebtes, gleichartiges Material heraus, der graue Staub, aus dem die Macht besteht.

Auf diesem Weg bleiben viele hängen, manche aber springen auch aus dem Mechanismus heraus. Sie verlassen das System, um sich auf eigene Beine zu stellen. Unter denen findet man dann gelegentlich auch diejenigen Figuren, die dem glorreichen Bild des dynamischen Unternehmers, wie es der Wirtschaftshistoriker und Soziologe Joseph Schumpeter zu Beginn dieses Jahrhunderts gezeichnet hat, entsprechen. Diese Pioniere wirken, wie Schumpeter es nannte, durch schöpferische Zerstörung anregend auf die ökonomische Entwicklung und tragen durch die Gründung eigener Unternehmen, mit denen sie dann sogenannte Pioniergewinne erzielen, zur Konjunkturbelebung bei. Schumpeter hatte übrigens schon früh vor den Folgen der Bürokratisierung gewarnt, die jeden innovativen Prozeß abschnüren. Natürlich sehen sich auch die real existierenden Führungskräfte, die Vorstandsvorsitzenden und Geschäftsführer großer Unternehmen als dynamische Unternehmer, aber das ist in aller Regel nichts anderes als eine machtvolle Selbststilisierung, wie die wenigen Bekenntnisse derjenigen zeigen, die aus diesem Spiel ausgestiegen sind. Daniel Goeudevert, ehemaliger Europachef des Automobilunternehmens Ford, ist einer jener wenigen Aussteiger und Renegaten, die sich dem Rattenrennen auf dem Höhepunkt der eigenen Karriere entzogen haben und der sich in seinen Büchern deutlich über den Zusammenhang von Macht und Dummheit, von Intrige und Ignoranz, von Selbstsucht und Verantwortungslosigkeit ausläßt.

Doch wie verlaufen die verschlungenen Wege der Karrieren, wer setzt sich auf dem langen Marsch an die Spitze durch und warum, wie muß ein soziales Umfeld überhaupt beschaffen sein, damit bestimmte Figuren darin Erfolg haben? Was kennzeichnet die Ordnungen, in denen ein solcher Kampf um begehrenswerte Machtpositionen stattfinden kann?

Es ist eine alte Volksweisheit, daß man keinen Reichen fragen brauche, wie er es zu seiner ersten Million gebracht habe. Er würde sowieso nicht die Wahrheit sagen. Der weitere Zuwachs des Vermögens ließe sich dann plausibel erklären. Denn wenn erst einmal der Grundstock gelegt sei, dann ginge der Rest wie von selbst. Die dunklen Ursprünge der leuchtenden Erfolgspfade mag niemand gerne erhellen. Es gibt offizielle Biographiemuster, deren sich mächtige Männer bedienen, wenn sie an die Spitze gelangt sind und über ihren Weg dorthin berichten. Meist handelt es sich dabei um Variationen der Geschichte des Tellerwäschers, der aufgrund seines Fleißes, seines Mutes und seiner Klugheit zum Millionär geworden ist. Aber diese Stilisierungen verschweigen oft wichtige Wendepunkte und Ereignisse in den Karrieren der mächtigen Männer. Männern nimmt man solche Karrieremärchen ab, Frauen hingegen sehen sich dem Verdacht ausgesetzt, sie wären über andere Wege nach oben gekommen.

Ein ganzer Berufszweig von investigativen Journalisten lebt von der Arbeit des Aufspürens dunkler Flecken in der Vergangenheit berühmter und erfolgreicher Persönlichkeiten. Der eine hatte früher Kontakte zum organisierten Verbrechen, der andere nutzte regelmäßig den Geheimdienst, um illegal seine Konkurrenten überwachen zu lassen, der dritte war als Pleitier in fragwürdige Geschäfte verwickelt, wieder ein anderer ist in früheren Zeiten geschmiert wor-

den, hat selbst andere bestochen oder öffentliche Gelder veruntreut. Kaum ein Politiker in herausragender Position, dem nicht irgendwann der eine oder andere Skandal, die eine oder andere Verfehlung angehängt worden wäre.
Politiker trifft es hier besonders, da ihnen sowohl verstärkte öffentliche Aufmerksamkeit zuteil wird, als auch besondere moralische Standards an sie angelegt werden. Die entsprechenden Verfehlungen von Wirtschaftsführern oder verbeamteten Geistesgrößen hingegen erregen seltener das Interesse einer breiteren Öffentlichkeit. Zum einen ist der Markt nicht legitimationsfähig, zum anderen sind die Verhältnisse hinter den Mauern des akademischen Elfenbeinturms den meisten Menschen ohnehin unbekannt. Dennoch gelten auch im Wirtschaftsbereich bekanntlich gewisse rechtliche Regelungen, die eine Grenze zwischen legalem und illegalem Handeln ziehen. Das Volumen des durch Wirtschaftskriminalität verursachten Schadens übertrifft den Schaden, den kleine Brot-und-Butter-Diebe anrichten, um ein Vielfaches. Oft hört man im Angesicht spektakulärer Fälle von Wirtschaftskriminalität, in die hochrangige Manager verwickelt sind, die fast entschuldigende Erklärung, daß Macht diejenigen korrumpiere, die sie besitzen. Das ist allerdings eine Verkehrung der Verhältnisse: Korruption ist vielmehr eine wichtige Voraussetzung der Macht; nur wem es gelingt, sich Loyalitäten durch Vorteilsgewährung zu sichern, wer konsequent der Maxime folgt, daß eine Hand die andere wäscht, hat Chancen auf eine erfolgreiche Karriere in einem machtbasierten System.
Nun haben Skandale eine wichtige Funktion für die Aufrechterhaltung einer Fassade der Anständigkeit. Der korrupte oder sonstwie eines Fehltritts überführte Politiker liefert seinen (im Prinzip nicht minder anfälligen Kollegen)

die Projektionsfläche, um die Sauberkeit der eigenen Weste zu demonstrieren. Man zeigt empört auf den Sündenbock, auf daß ein jeder sehen möge, wie sehr man selbst sich von diesem unterscheidet. Derartiger Rituale bedient sich das ganze Strafrecht. Ein herausragender Fall wird öffentlich angeprangert und bestraft, um jedem klar zu demonstrieren, daß man solche Verhaltensweisen nicht ungestraft durchgehen läßt.

Aber solche Rituale verdecken die viel alltäglicheren Gemeinheiten, das alltägliche Geschäft der kleinen und großen Hinterhältigkeiten, der Machtspiele und Intrigen, die in den Hinterzimmern flüsternd und hinter verschlossenen Türen geschmiedet werden und aus denen das graue Tuch der Macht gewebt wird. Die öffentlichen Auftritte führender Herren sind eine Sache, ihr Taktieren hinter der Bühne eine vollkommen andere. Denn auch wenn sie an der Macht sind, sind sie dort nicht ungefährdet. Sie sind umgeben von lauernden Konkurrenten, deren Schritte sie mit der gleichen Aufmerksamkeit beobachten müssen, wie diese jeden ihrer Schritte beäugen. Bündnisse werden hier nur auf Zeit eingegangen und können schnell wieder zerbrechen, wenn der eine Partner sich dadurch einen strategischen Vorteil ausrechnet.

Der Zufall in der Form von Glück und Pech spielt dabei eine wesentliche Rolle, auch wenn die Wirkung derartiger Kräfte im Rückblick zum Beleg des eigenen strategischen Weitblicks umgelogen wird. Zur rechten Zeit zufällig am rechten Ort zu sein, kann genügen, um Karrieren nachhaltig zu befördern. Ebenso wie der Aufenthalt am falschen Ort zur falschen Zeit den jähen Abbruch eines glänzenden Aufstiegs zur Folge haben kann. Der Unterschied ist oft minimal. Der junge Broker, der mit einem riskanten Spekulationsgeschäft unerwartet hohe Gewinne einfährt, kann morgen die Leiter der Macht hinauffallen. Wären die Kurse, was in der Situation durchaus genausogut möglich ist, hingegen im gleichen Maße gefallen, dann hätte das auch seinen Absturz bedeutet. In manchen Karrieren finden sich beide Situationen kurz nacheinander. Berühmt wurde das Beispiel von Nick Leeson, der als Devisenhändler der Barings Bank Anfang der neunziger Jahre zunächst Millionengewinne einfuhr und nach einer kurzen Karriere als gefeierter Spekulant im Gefängnis landete, weil er durch riskante Transaktionen, bei denen er weniger Glück hatte, die Bank, für die er arbeitete, in den Bankrott gestürzt hatte. Dem jungen Doktoranden, der ein Verhältnis mit der Tochter seines Betreuers hat, kann dieses zum Vorteil gereichen oder zum Verhängnis werden – je nachdem, wie die Geschichte ausgeht. Nachwuchspolitiker, die durch geschicktes Taktieren die Aufmerksamkeit der mächtigen Parteioberen auf sich ziehen, können damit einen raschen Aufstieg oder ein rapides Ende erleben.

Wie immer man es dreht, es warten an jeder Ecke und Biegung des eigenen Lebenswegs Entscheidungen und Möglichkeiten, deren Folgen unabsehbar sind. Ergreift man sie und führt die Wahl der entsprechenden Alternative zum Erfolg, dann schreibt man es sich selbst zu, geht es in die Hose, dann hat man immer noch die Verhältnisse, auf die man die Verantwortung abschieben kann.

Von Tennisbällen, Mitläufern und Hofnarren

Aber es ist nicht nur der Zufall, der im Reich der Macht regiert. Man kann sich die hier wirksamen Mechanismen am Beispiel eines Tennismatchs verdeutlichen. Stellen wir uns zwei Tennisspieler von etwa gleicher, mittlerer Spielstärke

vor, die ein solches Match machen. Der eine hat Spaß an schönen Ballwechseln, und der andere möchte nur eines: das Match gewinnen. Beiden vorgegeben sind die Regeln des Spiels, die Linien des Platzes und die Zählweise der Punkte. Nun ergibt sich im Verlauf des Spiels immer wieder – und zwar für beide Spieler – die Möglichkeit, einen sicheren Punkt zu machen, etwa wenn der eine den Ball nicht richtig trifft und er langsam und sanft übers Netz zurückgeflogen kommt. Das gibt dem anderen dann die Möglichkeit, den Ball beim Zurückschlagen sicher und für seinen Gegenspieler unerreichbar zu plazieren. Diese Möglichkeit kann er nutzen. Er kann aber auch im Angesicht der Tatsache, daß sein Gegenüber nicht optimal returniert hat, sozusagen kooperativ zurückschlagen, ohne die ihm mehr oder weniger in den Schoß gefallene Chance zu einem Punktgewinn zu nutzen.
Je nachdem, zu welcher Haltung unsere Spieler neigen – lieben sie das schöne Spiel oder den Sieg –, werden sie anders reagieren. Während also der eine versuchen wird, seine Punkte durch die Qualität der eigenen Schläge in einem harten Ballwechsel zu machen, wird der andere darauf warten, daß sein Gegenüber einen Fehler macht, den er für einen Punktgewinn nutzen kann, und selbst eher vorsichtig spielen.
Wer dann am Ende eines Turniers auf dem Siegertreppchen steht, muß nicht unbedingt der bessere Spieler sein, meist ist er derjenige, der selbst vorsichtig spielt und darauf wartet, die Fehler seiner Gegner für sich zu nutzen.
Eine der prominentesten historischen Figuren, die mit dieser Strategie erfolgreich waren, ist der französische Polizeiminister Joseph Fouché, dem es gelang, nachdem er während der Französischen Revolution an die Macht gekommen war, alle politischen Wechsel zu überleben und als

Chef des staatlichen Geheimdiensts und der Polizei seine Dienste allen nachfolgenden Machthabern erfolgreich anzubieten. Fouché ist der Prototyp des Machtmenschen, der sich nicht aus dem Fenster lehnt, der im geheimen Informationen über seine Gegner sammeln läßt – auch und gerade über diejenigen, die heute noch als seine Freunde dastehen, aber morgen seine Feinde sein könnten. Ein Fouché hängt sein Fähnchen immer nach dem Wind und wartet bei anhaltenden Machtkämpfen so lange, bis die eine Seite gesiegt hat. Erst dann bezieht er öffentlich Position – für die siegreiche Partei. Er betritt die historische Bühne als ein Niemand und wird während der Revolutionswirren in Frankreich bekannt als »Schlächter von Lyon«, wo er Massenexekutionen durchführen läßt, weil die Stadt sich für den König und gegen die Revolution ausgesprochen hat. Nach der Restauration lebt er, der ehemals kleine Bürger und später glühende Anhänger der Revolution, als Herzog von Otranto auf seinen Gütern im feudalen Luxus, wird für kurze Zeit sogar zum Chef einer provisorischen Regierung, später Gesandter Frankreichs am Hof von Dresden. Alle Wirren der Zeit hat er überstanden, hat immer aus dem Hintergrund heraus auf den rechten Moment gelauert, um sich dann auf die richtige Seite zu schlagen. Er war nie jemand, der im Licht der Öffentlichkeit stehen wollte, der Wert darauf legte, die Insignien der Macht vor Publikum zu tragen und zu zeigen. Aber er war dennoch ein mächtiger Mann, vor dem sich gelegentlich auch diejenigen fürchteten, die auf der politischen Bühne als Machthaber agierten und die auf seine diskrete Hilfe oder sein Stillschweigen angewiesen waren.

In den heutigen Zitadellen der Macht herrscht immer noch der Geist dieses auf seine Art brillanten Machtmenschen.

Aber es gibt nicht nur mächtige Männer, es gibt auch sol-

che, die dafür sorgen, daß die Macht erhalten bleibt, und solche, die ihr ins Gesicht lachen, es gibt die Wasserträger und die Hofnarren der Macht.
Komplettieren wir also unsere kleine Typologie der Macht noch durch diese beiden Figuren. Prototyp des einen ist der Mitläufer, das fleischgewordene Exekutivorgan, der Wasserträger und Lobredner. Das sind in aller Regel Menschen, die sich in Positionen eingerichtet haben, aus denen heraus sie im geborgten Licht der Macht, das von oben auf sie herabstrahlt und ihnen eine gewisse Aura verleiht, nach unten Tritte austeilen können, und zwar insbesondere gegen jene, die sich widerspenstig gegen die herrschenden Verhältnisse zeigen. Das sind in der harmlosen Ausprägung Beamte hinter Schaltern, die ausgefüllte Formulare wegen kleiner Fehler zurückweisen und den Antragsteller spüren lassen, daß er von ihnen abhängig ist und daß es ihre Entscheidung ist, ob er das, was er möchte, auch bekommt. Das sind in der extrem gefährlichen und bösartigen Ausprägung die Schergen des autoritären Regimes, die Folterknechte und Lageraufseher, die ihre Opfer quälen, weil sie entweder gegen die Autorität rebelliert haben oder weil sie wissen, daß sie ihnen ähnlich sind. Es ist die Mischung aus Haß und Selbsthaß, aus Macht- und Minderwertigkeitskomplex, welche die psychologische Ökonomie dieser Figuren am Laufen hält. Sie bilden jenes notwendige Unterfutter, auf das sich Hannah Arendt in ihrer Kritik der politischen Macht bezieht. Ohne ihre Unterwürfigkeit und ihren Gehorsam bräche jedes autoritäre Regime zusammen, würde die Macht der Machthaber zerbröseln wie eine Sandburg in der Sonne. In der Politik findet man diese Figuren im zweiten Glied, sie wandern die Karriereleiter im Schatten ihrer Herren hinauf. Es sind die Aktenträger, Berater, Büroleiter, die im Gefolge der politischen Führungs-

figuren ihr Dasein fristen. In der Wissenschaft sind es diejenigen, die strikt auf jede eigene Originalität verzichten und sich als Stimme ihres Herren der Verbreitung von dessen Thesen verschrieben haben. Sie werden irgendwann durch Vermittlung ihres Meisters in eine sichere Position gehoben werden, von der aus sie nach wie vor das Loblied auf ihren Herren singen und seine Kritiker bekämpfen können.

Zu Hofnarren der Macht werden all diejenigen, die sich in den entsprechenden Institutionen nicht den Regeln fügen, die nicht den Erwartungen gerecht werden, deren wichtigste da lautet: Passe dich an, um deine Karriere zu fördern. Nicht alle Institutionen haben einen festen Platz für die Rolle des Hofnarren. Oft sind es eher die persönlichen Eigenschaften der betreffenden Person, die dazu führen, daß für sie diese Position geschaffen wird. Hofnarren haben zur Macht ein gebrochenes Verhältnis. Sie waren am Hofe des Herrschers die einzigen, die den Herrscher kritisieren durften, da sie außerhalb der Hierarchie des Hofstaates standen und jenseits der höfischen Etikette sprechen und handeln durften. Sie durften sich nicht nur über die kriecherischen Höflinge lustig machen, sondern auch den Herrscher selbst aufs Korn nehmen, ohne als Bedrohung der herrschenden Machtverhältnisse zu wirken. Sie hatten sozusagen die Lizenz zum Blödeln, die es ihnen ermöglichte, deutliche Worte in ironischer und spaßiger Form zu formulieren.

Es gibt in modernen Organisationen kollektive Rituale des Hofnarrentums, wie etwa den Betriebsausflug, wo des Abends, meist nach ausgiebigem Alkoholgenuß, alle Regeln außer Kraft gesetzt werden, wo der Chef von seinen Untergebenen geduzt wird, wo der hierarchische Anstand für einen kurzen Moment seine Macht verliert und jeder, fast wie im Karneval, mehr oder weniger folgenlos tun und

lassen kann, was er oder sie will. Aber diese fest umgrenzten, kurzfristigen Exzesse im Westentaschenformat sind am nächsten Morgen vorbei wie ein Spuk.
Auch für die Figur des Hofnarren lassen sich bekannte historische Figuren finden. Als Prototyp heranziehen kann man hier etwa den französischen Autor Lamettrie, geboren zu Beginn des 18. Jahrhunderts in Saint-Malo in der Bretagne. Er machte sich einen Namen als beißender Kritiker der politischen und intellektuellen Verhältnisse seiner Zeit. Berühmt wurde er mit seinem anonym publizierten Buch *L'homme machine*, das den Menschen streng materialistisch als mechanisches Wesen analog einer Maschine analysierte. Aber auch andere Schriften, in denen er etwa die Ignoranz der zeitgenössischen Mediziner gegenüber neuen wissenschaftlichen Erkenntnissen geißelte oder ätzende Kritik an den herrschenden moralphilosophischen Überzeugungen seiner Zeit übte, trugen zu seinem umstrittenen Ruf und seinem Ruhm bei. Lamettrie mußte aufgrund seiner Kritik an den herrschenden Verhältnissen zunächst nach Holland und später nach Preußen fliehen, wo er am Hof des für seine Liberalität und Aufgeschlossenheit gegenüber der Philosophie bekannten Friedrich II. in der Funktion eines königlichen Leibarztes und als Gesellschafter des Königs die Rolle eines intellektuellen Hofnarren wahrnahm, bis er 1751, angeblich an den Folgen seiner Völlerei, starb.
Lamettrie wurde von den meisten seiner Zeitgenossen als sorgloser Spaßvogel wahrgenommen, als Hofnarr von Sanssouci. In seinem Auftreten und seinem Verhalten unterstützte er diesen Eindruck, der ihm aber mehr als Tarnkappe für seine eigenen Interessen diente. Mit seinen Arbeiten zog er sich den vehementen Unwillen aller »seriösen« Philosophen der Aufklärung zu. Er war – in der Rolle des

Hofnarren – eine Figur, die alternative Deutungen und Interpretationen anbot, scheinbar bizarre Gegenmeinungen zu den ernsthaft vorgetragenen Gedanken der Philosophen. Er konnte sich hinstellen und gleichsam sagen, der Kaiser sei nackt, ohne daß er dafür mit allen Konsequenzen zur Rechenschaft gezogen worden wäre, da man ihm als Hofnarren die Freiheit zugestand, sich derart zu äußern. Das ist die paradoxe Rolle des Hofnarren: Es wird ihm zwar das Recht zugestanden, Dinge zu äußern, die andere nicht äußern dürfen, aber dafür wird seinen Äußerungen offiziell kein Gewicht beigemessen.
Paßt diese Beschreibung nicht auch auf die Situation vieler Frauen, die sich in Männerrunden der Macht wiederfinden? Wird der weibliche Beitrag in einer Diskussion von den Beteiligten nicht oft schmunzelnd zur Kenntnis genommen und jede Kritik an den männlich dominierten Machtverhältnissen als närrische Äußerung ungestraft zu den Akten gelegt? Und gleitet nicht jede Frau, die sich gegen diese Rolle wehrt, mehr oder weniger automatisch in männliche Umgangsformen ab, wo sie dann die zwei Möglichkeiten hat, entweder als weibliche Variante des »tough guy« zu gelten oder dem Verdikt der verbiesterten und verbitterten, hysterischen (und das heißt dann wieder: typisch weiblichen) Emanze zu verfallen?

Sie kriegen es nicht geregelt – wenn Frauen an die Macht kommen

Rekapitulieren wir unsere bisherigen Überlegungen zum Verhältnis von Männern, Frauen und Macht. Macht ist offensichtlich etwas Männliches. Männer haben sie und können mit ihr umgehen. Sie nistet versteckt in Organisationen, sie setzt Konkurrenz, Gehorsam und strategische Kooperation voraus. Wer an die Macht kommen will, braucht einen langen Atem, Hinterlist und Vorsicht. Macht erfordert einen entsprechenden Instinkt. Sie sitzt im Denken der Menschen und in der herrschenden Ordnung der Sprache. Sie verkleidet sich als Moral. Sie steht und entsteht zwischen den Menschen. Sie wird denjenigen zugesprochen, die eine entsprechende Position in einer machtbasierten Organisation haben. Diejenigen aber, die sie ihnen zusprechen, sind die eigentlichen Produzenten der Macht. Jede Form der Kritik an existierenden Machtverhältnissen läßt sich unter normalen Bedingungen zu einer Bestätigung ummünzen, wie sich an der Rolle des Hofnarren zeigt. Wir haben es also mit einem sowohl stabilen als auch elastischen, flexiblen, gegen Angriffe weitgehend resistenten und den Menschen nicht unmittelbar verfügbaren Phänomen zu tun. Macht, das heißt die Möglichkeit, sich auf Ordnung zu berufen, das heißt die Chance, lange Handlungsketten zu kontrollieren, die Möglichkeit, die Wahrnehmung zu strukturieren, Werte zu schaffen, Wahrheiten zu erfinden und Hierarchien aufzubauen, Menschen als Personen und Objekte mit eindeutigen Eigenschaften zu definieren. Macht, so haben wir festgestellt, ist das Potential, die Welt zu strukturieren.

Macht hat in größeren historischen Zeiträumen betrachtet etwas Unstetes. Wie wir gesehen haben, gibt es Bereiche der Gesellschaft, die an Bedeutung verlieren, wo die eben noch sprudelnde Quelle der Macht austrocknet und ihr Strom sich verteilt, in die Breite zerfließt. Dann beginnt man an anderen Stellen zu graben, bis sich neue Macht bildet. Immer aber sind es die Männer, die sich zuerst an den neu entstehenden Oasen der Macht einfinden, die dort das Regime übernehmen, die den Zugang zu den knappen Ressourcen kontrollieren, die Entscheidungen darüber treffen, wer an diese Wasserstellen darf und wer nicht. Paradoxerweise sind es die Männer, jene ihrer Selbststilisierung nach eher monadischen, einsamen Wesen, denen es immer wieder gelingt, neue Machtkartelle zu bilden. Männer beherrschen das Spiel der zwei Igel, die den einzelnen Hasen unter Vorspiegelung falscher Tatsachen zu Tode hetzen, offensichtlich besser als Frauen. Den anderen auszuschließen, ihn zu besiegen und sich zu diesem Zweck zusammenzutun, das ist ein wichtiges Motiv, das der Entstehung von Macht Vorschub leistet. Der langsamere Igel, der den Hasen nie im Wettlauf besiegen könnte, schafft es trotzdem, den Sieg davonzutragen. Er schafft es durch Organisation und Betrug. Er schafft es, weil er sich am Hasen, über den er sich ärgert, rächen will.

Das Streben nach Erfolg ist das andere Motiv, das Männer zur Macht treibt. Daher richten sie sich immer nach dem, was gerade den größten Gewinn verspricht, gehen sie sparsam mit den eigenen Kräften um, kalkulieren Risiken und schätzen Chancen ab, orientieren sich an den erfolgreichen Vorbildern. Richte dich nach den Großen, folge ihnen, mach es ihnen nach, dann wirst du so sein wie sie. Das ist die bekannte Struktur des Ödipuskomplexes. Werde wie dein Vater, aber achte die Autoritäten und Verbote, denn

auch er (der scheinbar Mächtige) ist nur zu dem geworden, was er ist, weil er die Verbote geachtet hat.
Aber ist es wirklich eine Frage der Beherrschung einer Fähigkeit, ist es ein Können, über das die eine Hälfte der Menschheit scheinbar nicht verfügt? Ist es nicht vielleicht eher ein Defizit, das die Männer dazu treibt, Machtstrukturen und Ordnungen zu errichten, sich in ihnen zu bewegen und mit ihrer Hilfe die Welt zu parzellieren? Zeugt es nicht auch vom Verlust einer Fähigkeit, wenn man sich mit anderen zusammen in einem Spinnennetz der Ordnung verschanzt? Denken wir an Nietzsches *Genealogie der Moral* und die zwei Formen der Macht: auf der einen Seite die ursprüngliche Macht der Starken und Freien, der Edlen und Wilden, auf der anderen Seite die Macht auf der Basis der Priesterherrschaft, der Moral der Schwachen und Ängstlichen. Laufen Frauen nicht einem Phantom hinterher, wenn sie versuchen, die Machtbastionen der Priester-Männer zu erobern?
Diese Frage ist im Rahmen einer Kritik der Macht wichtig, und wir werden sie später noch behandeln. Aber im Angesicht der herrschenden Verhältnisse ist diese Frage rein akademischer Natur. Natürlich versuchen Frauen Macht zu gewinnen, vorhandene Machtpositionen einzunehmen, in allen Institutionen und Organisationen an die entsprechenden Schalthebel zu kommen. Damit aber beginnt ein paradoxer Prozeß: Entweder mutieren Frauen zu den besseren Männern, oder die Macht zerrinnt, wenn sie in ihre Hände gerät.
Was passiert also, wenn es Frauen wirklich einmal gelingt, Machtpositionen zu erobern, ohne sich männlichen Klischees anpassen zu müssen? Was geschieht, wenn nicht nur die übliche Anstandsfrau in ein männliches Machtkartell aufgenommen wird, um den Forderungen der Political

Correctness zu gehorchen, sondern wenn Frauen zuhauf einbrechen in die männliche Ordnung der Dinge, wenn sie plötzlich das Sagen haben, eine Stimme erhalten, die gehört wird, weil sie aufgrund der Position derjenigen, die spricht, gehört werden muß? Wie wir im folgenden sehen werden, geht dann alles drunter und drüber, nichts funktioniert mehr so wie bisher, die alte Ordnung verschwindet, das Chaos bricht aus, und das Gelächter der Männer, die das alles von außen beobachten, bricht über die Frauen herein. Woran liegt das? Es liegt daran, daß Frauen, wenn sie die Macht übernehmen, einerseits in männlich geprägten Strukturen agieren müssen und andererseits nicht wie Männer sein wollen. Macht entsteht aber in unserer Gesellschaft nur unter den Bedingungen einer männlichen Ordnung. Wenn Frauen dort antreten, dann kommen sie mit dieser Ordnung in Konflikt.

Sie wollen auf Kooperation statt auf Konkurrenz setzen, sie wollen offen sein, statt Wissen zurückzuhalten, sie hoffen auf Zustimmung, statt Gehorsam einzufordern, sie bauen auf Einsicht statt auf Angst. Sie wollen Verantwortung verteilen, statt klare Zurechnungsverhältnisse schaffen. Sie wollen spontan und kreativ sein, sie wollen verstanden werden, Empathie zeigen, statt bürokratisch zu entscheiden. Das geht natürlich unter den herrschenden Bedingungen in den männlich vermachteten Bereichen meist kräftig daneben.

Die Macht des Gefühls und das Gefühl der Macht

Wie und wo aber kommen Frauen überhaupt in die Nähe der Macht oder gar an die Macht? Hatten wir nicht gesehen, daß der Zugang zu Machtpositionen unter strikter Kontrolle steht, daß der Weg dorthin für die einzelnen lang und beschwerlich ist? Aber es gibt bemerkenswerte Ausnahmen. Frauen haben ihren Weg zumindest in die unteren Ränge der Politik gemacht. Sie sind in Parlamenten vertreten. Hier wiederum waren es insbesondere die Grünen, die den politischen Erfolg der Frauen ermöglicht haben – und umgekehrt die Frauen, die den Grünen zu Erfolg verholfen haben. Mit dieser Partei haben die Gefühle ihren Einzug in die Parlamente gehalten. Die Grünen – wie immer begründet ihre sachlichen Argumente im einzelnen auch sein mögen – verdanken ihren ursprünglichen Erfolg in der Politik dem Gefühl, und zwar in erster Linie dem Gefühl der Angst. Zwar nutzen auch andere Parteien gezielt die Angst ihrer Wähler. Angst ist als die einzige demokratische Tugend bezeichnet worden. Die Konservativen arbeiteten schon immer mit Wahlslogans des Typs: »Keine Experimente!« Die Grünen aber haben zum ersten Mal die Angst der Menschen vor sich selbst, vor der in den bisherigen Bahnen weiter verlaufenden Entwicklung der Gesellschaft zum Thema gemacht.

Man muß sich die Konstellation, die dieser Partei zum Erfolg verholfen hat, genau betrachten, um dieses Phänomen zu verstehen. Man kann die herausragende Rolle, die Frauen in dieser Partei spielen, nur verstehen, wenn man die Psychologie des Gefühls und der politischen Inszenierung versteht. Es waren grüne Frauen, die öffentlich erklärten, daß uns der Entwicklungspfad der modernen Industrie-

gesellschaften ins Abseits treibt. Sie haben sich gegen die Slogans der Konkurrenz gestellt, gegen das Mehr, Schneller und Größer, das männliche Politik prägt.
Die Grünen waren diejenigen, die öffentlich sagten, was die anderen Parteien auch wußten, aber nicht an die große Glocke hängten, weil es ihre Wähler verprellt hätte. Die Grünen hingegen verhielten sich moralisch, nicht strategisch. Sie sagten das, was gesagt werden mußte: Die natürlichen Ressourcen werden knapp, unser Energieverbrauch ist zu hoch, wir produzieren zu viele Schadstoffe, wir belasten unsere Umwelt über Gebühr, wir leben über unsere Verhältnisse, unsere Technologie birgt Risiken, die wir nicht kontrollieren können – und deswegen müssen wir unser Leben ändern. Bereits diese spezifische Art der Politisierung, die an die Wähler appellierte im Namen einer Ethik des Konsumverzichts und der Änderung des Lebensstils, der Entschleunigung und des Endes der Konkurrenz, unterscheidet die Grünen von anderen Parteien. Sie verhielten sich dabei wie jener Tennisspieler, der nicht auf seinen unmittelbaren Vorteil achtet und vorsichtig spielt, sondern in die Offensive geht. Die Grünen gingen in die Offensive, und es waren Frauen, die diese Offensive in vorderster Front vorantrieben. Das brachte ihnen Sympathien und Stimmen und damit den Einzug in die Parlamente ein. Dort traten sie an mit dem Anspruch, alles anders zu machen, sie hatten moralische Überzeugungen, mit denen sie sich gegen diejenigen stellten, die Politik als reines Machtspiel betrieben. Sie wollten alles anders machen, sie wollten andere Formen und andere Inhalte der Politik salonfähig machen.
Eine der ersten großen Galionsfiguren der Grünen, die diesen Anspruch vehement vertrat, war eine Frau, Petra Kelly. Ihr gelang es, in der Öffentlichkeit breite Zustimmung durch moralische Argumente zu gewinnen. Sie engagierte

sich mit moralischen Argumenten gegen den militärischen Wahnsinn, gegen die Zerstörung der Natur durch Technik und Ökonomie und verlieh den von ihr vertretenen Positionen durch ihre Persönlichkeit enormes Gewicht. Petra Kelly wurde als einzelne, herausragende Figur zur Ikone einer Protestbewegung, aus der sich die Grünen als parlamentarische Partei entwickelten. Aber sie war eine einzelne und exzeptionelle Figur. Es konnte ihr nicht gelingen, die Politik der Grünen so nachhaltig zu prägen, daß diese unabhängig von ihrem persönlichen Einsatz hätten weiterhin im Sinne des von ihr vertretenen Programms wirken können. Sie vertrat mit Konsequenz einen Stil politischen Handelns und Argumentierens, der davon lebte, daß er das politische Establishment angriff, daß er sich als Protestbewegung verstand. Diese Haltung hatte deswegen Erfolg, weil sie an eine charismatische Person gebunden war. Wenn nun aber diese ebenso hoch moralische wie hoch stilisierte und hoch individualistische Haltung sich sozusagen zur Unternehmensphilosophie einer Partei wandelt, dann hat das Folgen, die problematisch sind.
Die Entwicklung der Grünen von der Protestbewegung zur Partei, die im parlamentarischen Alltag auf allen Ebenen kontinuierlich und alltäglich agieren muß, ist von vielen Beobachtern mit oft hämischen Kommentaren begleitet worden. Das Abschmelzen radikaler Positionen wurde von den einen als Ausdruck wachsender politischer Reife, von den anderen als Profilverlust gedeutet. In jedem Fall standen die Grünen häufig im Mittelpunkt des Interesses, nicht immer wegen der Qualität ihrer politischen Positionen, sondern oft der Probleme wegen, die sie mit sich selbst hatten im Kampf zwischen dem Anspruch auf eine andere politische Kultur und der Wirklichkeit eines auf Machterhalt programmierten politischen Systems.

Die Grünen eignen sich als Beispiel für eine Analyse des Verhältnisses von Frauen und Macht in mehrfacher Hinsicht. Erstens sind in den Gremien dieser Partei ebenso wie in den grünen Parlamentsfraktionen im Vergleich zu allen anderen Parteien die meisten Frauen vertreten. Die Quote der Frauen beträgt bei der Bundestagsfraktion der Grünen 57,4 Prozent (bei der PDS 57,1 Prozent, bei der SPD 34,2 Prozent, bei der FDP 20,5 Prozent und bei der CDU/CSU 18,4 Prozent, im Bundestag insgesamt liegt der Frauenanteil bei den Abgeordneten derzeit bei 30,3 Prozent). Zweitens sind auch die Führungspositionen der Partei zumindest paritätisch mit Männern und Frauen besetzt, und drittens stehen die Grünen traditionell für eine politische Kultur, die in mehrfacher Hinsicht – wenn man denn diese Unterscheidung zugrunde legen will – eher weiblich orientiert ist. Nicht nur, daß Fragen der Gleichberechtigung der Geschlechter und des Abbaus von geschlechtsspezifischen Benachteiligungen ein für die Grünen zentrales Politikthema darstellen, auch die Art und Weise, in der grüne Inhalte vermittelt, diskutiert und präsentiert werden, zeigt eher weibliche Züge.
Was ist damit gemeint? Grüne Politik appelliert traditionell nicht an egoistische Motive, sie richtet sich nicht an die Menschen als Nutzenmaximierer, die ihren Vorteil suchen (was meist immer auch heißt, daß damit ein Nachteil für andere verbunden ist). Grüne Politik argumentiert moralisch, beruft sich auf Prinzipien, fordert zu Verzicht auf, votiert für die Rechte und Chancen von machtlosen und benachteiligten Minderheiten im Namen einer Vorstellung von allgemeiner Gerechtigkeit: Jede und jeder hat nach grünem Politikverständnis den Anspruch auf Verwirklichung des eigenen Lebensentwurfs, alle Menschen haben das Recht auf gleichen Zugang zu materiellen, sozialen und

kulturellen Gütern der Gesellschaft, und der Umgang mit den vorhandenen Ressourcen sollte für alle verpflichtend an ökologischen Prinzipien ausgerichtet sein: sparsam, wiederverwendbar, schadstofffrei.

Am Beispiel der Entwicklung der Grünen lassen sich die subtilen Mechanismen der Wirksamkeit existierender Machtverhältnisse studieren. Bereits die Studentenbewegung, aus deren Zerfallsprodukten die grüne Bewegung hervorging, war bei der Umsetzung ihres Programms an diesen Mechanismen gescheitert. Man hatte in der Studentenbewegung zum Marsch durch die Institutionen aufgerufen. Das angestrebte Ziel war, eine Veränderung der gesellschaftlichen Verhältnisse durch eine Unterwanderung gesellschaftlicher Machtbereiche zu erreichen. Doch zeigte sich sehr bald, daß eher die Institutionen die Menschen unterwanderten. Nicht die Verhältnisse änderten sich, sondern die reformfreudigen Aktivisten paßten sich im Laufe der Zeit den Verhältnissen an. Aus den Revolutionären von gestern, die die Macht attackierten, wurden die Machthaber von heute, die sie verteidigen.

An der Entwicklung der Grünen lassen sich – diesmal allerdings mit einer stark geschlechtsspezifischen Dimension – diese Prozesse vergegenwärtigen. Auf der einen Seite entwickeln sich, trotz früherer radikaler Kritik an den sogenannten Alt(männer)parteien, Machtstrukturen innerhalb der grünen Parteiorganisation, auf der anderen Seite verliert die Politik an Macht dort, wo die Grünen sie übernehmen. Beide Prozesse verlaufen parallel: Die Grünen mutieren zur Partei, die auf Machterhalt programmiert ist, und auf dem Weg dahin bringen sie dort, wo sie etwas zu sagen haben, Unordnung ins Gefüge der politischen Machtkartelle.

Der Versuch grüner Aktivistinnen, das vermachtete männliche politische System durch die Entwicklung von Gegenmacht oder durch machterodierende Strategien aus den Angeln zu heben, liefert also Anschauungsmaterial für die Wirkweise der Macht in Hülle und Fülle. Wie wir gesehen haben, geht aus der historischen Perspektive die Zunahme des Frauenanteils in der Politik mit einem Machtverlust dieses Bereichs einher. Aus der Sicht der Akteure vor Ort jedoch geht es nach wie vor um Machtkämpfe. Zwar vermag Politik nicht mehr viel auszurichten in unserer Gesellschaft, aber die Angehörigen der politischen Klasse stehen nach wie vor im Kampf um die verbleibenden Reste der Macht.

In diesem Machtkampf waren und sind die Grünen strukturell benachteiligt. Der in dieser Partei propagierte Verzicht auf traditionelle, und das heißt hier: männliche Formen der Machtausübung verhinderte lange Zeit den Aufbau einer stabilen und unter den Bedingungen der herrschenden politischen Kultur funktionierenden Organisation. Wollte man die typischen Arbeitszusammenhänge grüner Politik aus der Perspektive eines Außenstehenden durch einige wenige Eigenschaften charakterisieren, so würde die Liste in etwa folgende Begriffe enthalten: mangelnde Arbeitsteilung, Anspruch auf weitestgehende Gleichberechtigung, geringe innerorganisatorische Differenzierung, kaum klare Hierarchien, geringe Spezialisierung, Professionalisierung und Formalisierung, Verpflichtung zu grundsätzlicher Offenheit und Öffentlichkeit der Diskussion, damit zusammenhängend sehr aufwendige Verfahren der Entscheidungsfindung und letztlich aufgrund dezentraler Strukturen eine sehr geringe Bindungswirkung einmal getroffener Entscheidungen. Diese »Mängelliste« würde jede Organisationsberatungsfirma nach drei Tagen in einer beliebigen grünen Parlamentsfraktion aufstellen.

Gegen diesen »kalten« Blick, der auf Effizienz und Effektivität achtet, gibt es natürlich eine Reihe von guten grünen Gegenargumenten. Arbeitsteilung, Hierarchisierung und Spezialisierung, zentralisierte Verfahren der Entscheidung und Abschottung der Entscheidungsträgerinnen verhindern die Entfaltung von Kreativität, führen zu entfremdeten Formen der Arbeit und schaffen ein Machtgefälle, das die Basis unterdrückt, während es die Mandatsträger privilegiert. Solche Überlegungen besitzen eine unmittelbare Plausibilität, insbesondere dann, wenn man berücksichtigt, daß die Grünen sich den Abbau ungerechtfertigter Benachteiligungen und Machtverhältnisse und die Förderung einer anderen Kultur des zwischenmenschlichen Umgangs auf die Fahnen geschrieben haben. Wie aber entwickelt sich eine solche Kultur unter Bedingungen eines vermachteten politischen Systems, welche Folgen haben derartige theoretisch liebenswerte Maximen in der Praxis und unter Verhältnissen, die nach ganz anderen Prinzipien funktionieren und die eine hochgradig bürokratisierte und formalisierte Welt schaffen?

Wo, bitte, geht's zur Macht?

Nehmen wir mehr oder weniger realistische Fallbeispiele, die irgendwo in deutschen Parlamenten spielen und die die traurigen und lehrreichen Geschichten grüner Frauen erzählen, die Geschichten von Frauen, die versucht haben, alles anders und besser zu machen.
Das alltägliche Geschäft in der parlamentarischen Demokratie erstreckt sich im wesentlichen auf drei große Aufgabenbereiche: erstens auf die routinisierte Arbeit der parlamentarischen Gremien, also die Teilnahme an den Sitzun-

gen der Ausschüsse und des Plenums im Parlament; zweitens auf den Bereich der Öffentlichkeitsarbeit, also den Kampf mit den anderen Fraktionen um die knapp bemessene Aufmerksamkeit der Medien durch die Herausgabe von Presseerklärungen, das Abhalten von Pressekonferenzen, durch Interviews und Gespräche mit Medienvertretern, und drittens schließlich auf die Organisation des eigenen Betriebs, also auf die Aufrechterhaltung einer effektiven und funktionierenden Zuarbeit durch den eigenen Stab und die eigene Partei.

Das alles geschieht in der parlamentarischen Demokratie unter einer eigentümlichen Randbedingung. Abgeordnete sind nämlich laut Verfassung nur ihrem Gewissen verpflichtet, das heißt, es gibt keine Möglichkeit, sie in bezug auf ihr politisches Handeln gegen ihren Willen zu irgend etwas zu verpflichten. Einmal gewählt, haben sie für die Dauer einer Legislaturperiode – juristisch gesehen – Entscheidungsfreiheit. Sie können im Rahmen einer Fraktionsgemeinschaft kooperieren, sie müssen es aber nicht, sie können sich an die Vorgaben ihrer Partei halten, aber wenn sie es nicht wollen, so gibt es keine wirklich wirksame Möglichkeit, sie dazu zu zwingen. Sie können ihre politische Aktivität in den Dienst eines gemeinsamen Anliegens stellen, sie können aber auch Themen bearbeiten und sich um Probleme kümmern, die nur ihnen selbst wichtig erscheinen. Damit ist ein Konflikt vorprogrammiert, für den es sozusagen »männliche« und »weibliche« Lösungen gibt, wobei grüne Fraktionen in aller Regel zu weiblichen Lösungen gelangen.

Die Differenz zwischen diesen beiden Formen läßt sich beschreiben als Differenz zwischen der Orientierung an strategischen und an moralischen Prinzipien und Überlegungen. Moralische Überlegungen sind an der Sache orientiert,

strategische Überlegungen an dem politischen Erfolg, den ein Thema verspricht. Wenn sich alle auf ein Thema einigen und dieses Thema in der politischen Arena vertreten, dann kommt das jedem einzelnen zugute. Diese strategische Überlegung, die den kollektiven Nutzen in individuelle Gewinne umrechnet, kennzeichnet das Handeln traditioneller Fraktionen. Jeder Hinterbänkler der Fraktion weiß, daß von der öffentlichen Aufmerksamkeit, die eine politische Kampagne einbringt, auch etwas Glanz auf seine unbedeutende Existenz fällt, und wird sich also mit eigenen Initiativen zurückhalten, um das Bild der Fraktion als geschlossenem politischen Kampfverband nicht zu stören.
Wenn sich aber einzelne mit guten moralischen Gründen nur um ihr Thema kümmern und damit in Konkurrenz zu anderen treten, dann ist die Wahrscheinlichkeit des Erfolgs der Fraktion gering. Beschließt also eine grüne Fraktion, den Schwerpunkt ihrer politischen Aktivitäten in den kommenden Wochen auf ein bestimmtes Thema zu legen, so hält das dort in der Regel niemanden davon ab, für eigene und oft abseitig erscheinende Anliegen aktiv zu werden in der Hoffnung, damit zusätzlich Aufmerksamkeit auf sich und das eigene politische Anliegen zu ziehen. Meist jedoch ist die Folge, daß die Fraktion als Ganze kein einheitliches Erscheinungsbild abgibt und der politische Erfolg insgesamt ausbleibt. Der Maßstab und die Währung des Erfolgs in der Politik ist in jedem Fall das Ausmaß der öffentlichen Aufmerksamkeit, die eine Partei mit ihren Themen erzielt. Die Grünen ziehen zwar die Aufmerksamkeit der Medien auf sich, meist aber nur wegen ihrer internen Querelen, selten wegen der Anliegen, die sie vertreten.

Nun gibt es eine ausführliche Diskussion über weibliche Moral und die Frage, ob und wie sie sich von männlichen Moralvorstellungen unterscheidet. Eine Reihe von Untersuchungen über die moralischen Urteile von Männern und Frauen ist zu dem Ergebnis gekommen, daß Männer sich eher an allgemeingültigen Regeln orientieren, die keine Ausnahme zulassen, während Frauen bei ihren moralischen Urteilen mehr auf die Folgen schauen, die damit verbunden sind. Frauen sind dementsprechend in moralischen Fragen eher flexibel, fürsorglich und folgenorientiert, Männer hingegen verhalten sich tendenziell rigide und orientieren sich an ausnahmslos geltenden Vorschriften, die Rechte und Pflichten festlegen, wobei mögliche Folgen der Anwendung dieser Regeln nicht in Betracht gezogen werden.[36]

Ob dieser Unterschied im moralischen Urteil zwischen Männern und Frauen wirklich so deutlich ist, kann hier dahingestellt bleiben. Mit seiner Hilfe lassen sich jedoch die unterschiedlichen Typisierungen und Haltungen von Männern und Frauen in bezug auf politisches Handeln im Rahmen des parlamentarischen Alltags unterscheiden.

Entsprechende Unterschiede zeigen sich sowohl bei der Wahl der Themen, die zum Gegenstand politischer Aktivität werden, als auch in der Art und Weise, wie diese Themen bearbeitet werden. So engagieren sich Frauen eher für Flüchtlingsprobleme, Tierschutz, Gesundheitspolitik, Alten-, Ausländer- und Asylpolitik, für Strafvollzug, Psychiatrie und Pflege, sie sitzen im Petitionsausschuß des Parlaments, wo Bürger ihre individuellen Anliegen vorbringen, oder sie engagieren sich für die Rechte von Minderheiten, für Lesben, Schwule und Behinderte, Frauen aus Ländern der Dritten Welt, Kinder aus multiethnischen Ehen.

Auch in der Art und Weise, wie diese Politikbereiche thematisiert werden, läßt sich eine weibliche Form erkennen. Wenn Frauen von Verkehrspolitik sprechen, dann betonen sie die Kultur der Nähe und votieren für die Entdeckung der Langsamkeit. Wenn sie Fragen der Asyl- und Migrationspolitik zum Thema machen, dann tun sie das meist in bezug auf die Schicksale der Betroffenen und stellen die humanitären Aspekte des Problems in den Vordergrund. Wenn sie sich mit dem Problem des Strafvollzugs beschäftigen, dann geht es für sie weniger um den Schutz der Gesellschaft vor Kriminalität oder die Ineffektivität des Einsperrens als um das Leiden der Strafgefangenen.

Sowohl die Wahl der Themen als auch die Art ihrer Behandlung führen dazu, daß grüne Politikinitiativen innerhalb des parlamentarischen Alltags wenig erfolgreich sind. Denn erstens ist gemäß der Logik des politischen Handelns eine Orientierung an gesellschaftlichen Randgruppen für den politischen Alltag nicht sonderlich bedeutsam, und zweitens können politische Anliegen in aller Regel nur in der Form von allgemeinen gesetzlichen Regeln bearbeitet werden. Damit aber ist vielen der typisch grünen Themen und auch den Anliegen, die damit verbunden sind, nicht beizukommen. Exemplarische Einzelfälle oder negative Folgen allgemeiner Regelungen sind praktisch nicht politikfähig. Wo grüne Parlamentarierinnen darauf verweisen, daß eine gesetzliche Vorschrift, etwa bei der Ausweisung eines Asylbewerbers, zu unvertretbaren humanitären Härten führt, da antwortet ihnen der politische Alltagsverstand in der Form männlicher Kollegen, daß man keine Ausnahme machen dürfe, da sonst schließlich jeder eine solche beantragen könnte. Man hält ihnen dann vor, daß die Rechtslage eindeutig sei und schließlich der oder die Betroffene sich seine oder ihre Lage selbst zuzuschreiben habe.

Hier treffen zwei vollkommen unterschiedliche Formen des Politikverständnisses aufeinander. Politik wird hier einmal im traditionellen Sinne als die Produktion oder Anwendung allgemein bindender Entscheidungen interpretiert.

Das heißt, Gesetze gelten für alle gleich und die gesetzlichen Regeln sind einzuhalten, auch wenn sie im Einzelfall problematische Folgen haben. Dagegen argumentieren Grüne, Frauen und insbesondere grüne Frauen, daß es auf die besondere Situation der einzelnen ankomme, daß die besondere Tragik, die Bedürfnisse der Betroffenen oder die Umstände des Einzelfalles zu berücksichtigen seien. Männer in der Politik neigen dazu, sich im Namen einer fiktiven Allgemeinheit auf die Seite des Gesetzes zu stellen und damit auf die Seite der Macht. Frauen stellen sich eher auf die Seite der von den Gesetzen konkret Betroffenen und damit eher gegen die Macht. Männer argumentieren mit der Allgemeinheit des Gesetzes, Frauen mit der Besonderheit von Menschen, die nicht die Härte des Gesetzes, sondern das »Soft Law« erfordern. Der dabei sich entwickelnde »weibliche« politische Stil ist eher machterodierend als machtstabilisierend. Frauen verweisen immer auf die Nebenfolgen des Gesetzes, auf die Kosten der formalen Gerechtigkeit, und untergraben damit tendenziell die Geltung ebendieser Allgemeinheit, die zur Entfaltung von Macht beiträgt.

Das zeigt sich auch beim Umgang mit der Öffentlichkeit, dem zweiten wichtigen Bereich politischer Praxis. Auch hier steht der grüne, weibliche Arbeitsstil der Entwicklung eines wirksamen öffentlichen Erscheinungsbilds eher entgegen. Der Kontakt zur Öffentlichkeit ist mit das wichtigste Element jener politischen Praxis, die auf der Vorderbühne der parlamentarischen Demokratie stattfindet. Man muß die Logik der medialen Berichterstattung und die Funktionsweise der sogenannten Medienöffentlichkeit berücksichtigen, wenn man den Erfolg oder Mißerfolg bestimmter politischer Positionen oder Stile verstehen will. Ein ebenso klassisches wie typisches Beispiel ist hier die Politik, die sich mit den Rändern der Gesellschaft beschäftigt

und speziell mit der Bedrohung, die von dort für die Sicherheit und Ordnung der Gesellschaft ausgeht. Hier gibt es deutliche Unterschiede in der Art und Weise, wie mit Randgruppen Politik gemacht werden kann.
Insbesondere in den Zeiten des Wahlkampfs entdecken Politiker entsprechende Randgruppen, meist allerdings nicht als potentielle Wähler, sondern als Bedrohung der guten Ordnung, deren Verteidigung gegen Angreifer sie ihren Wählern versprechen. Eine Politik der Sündenbockjagd verspricht hier ein Höchstmaß öffentlicher Aufmerksamkeit und die Zustimmung der Mehrheit zu den vorgeschlagenen Initiativen. Ein geschickter Innenpolitiker tritt also vor die Presse und verkündet, daß die Kriminalität dramatisch steigt und daß für diese dramatisch steigende Kriminalität in erster Linie die Ausländer verantwortlich seien, weshalb er sich für die strikte Ausweisung von Straftätern einsetzen und mit seinem Kollegen aus dem Justizressort Vorschläge für eine Verschärfung der Strafgesetze vorantreiben wird. Er appelliert also an die Angst der Wähler vor einem nur diffus umschriebenen, aber dennoch scheinbar klar definierten Feind, er benennt eine drohende Gefahr, und er empfiehlt sich und seine Partei als Retter in der Not: Lieb Vaterland, magst ruhig sein, wir kümmern uns um das Problem. Damit wird wie in einem Brennspiegel eine in der allgemeinen Öffentlichkeit möglicherweise vorhandene diffuse Angst gebündelt und auf dieses Ziel gelenkt. Nach dem gleichen Muster lassen sich andere Minderheiten als ordnungsbedrohende Randgruppen stilisieren: Asylbewerber werden zu einer Bedrohung der öffentlichen Ordnung, Sozialhilfeempfänger werden zur Bedrohung des Sozialstaats, und in einem Bundesland wie dem Freistaat Bayern kann man sogar Kritiker des katholischen Glaubens zur Bedrohung des Abendlandes stilisieren.

Grüne Presse- und Öffentlichkeitsarbeit sieht hier vollkommen anders aus. Die Konnotation des Begriffs »Ausländer« ist der gerade skizzierten genau entgegengesetzt, etwa im Bereich der Asylbewerber-Problematik. Da wird zunächst eine Anhörung organisiert, die sich mit Fluchtursachen als Auslöser für die weltweiten Migrationsströme beschäftigt. Sodann wird eine Pressekonferenz mit Betroffenen abgehalten, auf der die menschenunwürdige Situation in den Asylunterkünften gebrandmarkt wird, und schließlich wird im Rahmen einer parlamentarischen Anfrage die Regierung aufgefordert, Auskunft über spezielle Integrationsmaßnahmen für ausländische Kinder und Jugendliche zu geben. Die Herangehensweise an das öffentliche Bewußtsein ist also eine vollkommen andere. Während die traditionelle Politik die Bilder von äußeren Feinden produziert, gegen die sich die Gesellschaft verteidigen muß, fragt grüne Politik nach den Gründen für das Scheitern von Integrationsbemühungen. Die Rollen von Tätern und Opfern sind also in beiden Fällen diametral umgekehrt verteilt. Einmal sind diejenigen die Täter, die aus einer sozial randständigen Position heraus straffällig oder sonstwie auffällig werden, und die Gesellschaft, jenes fiktive »Wir«, das immer nur in der Rhetorik von Politikern zum Leben erweckt wird, ist das Opfer. Damit wird ein sozialpsychologischer Mechanismus in Kraft gesetzt, der für die Aufrechterhaltung einer exklusiven Ordnung wichtig ist, einer Ordnung, die eher auf sozialen Ausschluß als auf soziale Integration setzt. Der Feind ist bekannt, und er steht vor den Mauern, so lautet die Botschaft der traditionellen Politik. Wir müssen zusammenrücken und uns mit allen Mitteln verteidigen. Das ist die politische Losung, die ausgegeben wird.

Aus typisch grüner und weiblicher Sicht wird die Schuld

erst mal im eigenen Bereich gesucht. Wir haben uns die Probleme der Randgruppen selbst zuzurechnen, wir sind zumindest mitverantwortlich für die schlechte soziale Lage der Betroffenen. Die Rollen von Tätern und Opfern werden damit anders verteilt. Wir, das gleiche fiktive Wir, das aus traditionell männlicher Sicht als Opfer erscheint, wird zum Täter, und die Täter, also jene, die auffällig werden, erscheinen als Opfer, Opfer der Verhältnisse, Opfer unserer Rücksichtslosigkeit, unserer Ausländerfeindlichkeit, unseres Egoismus. Täter und Opfer ist für die praktische Politik eine ebenso wichtige Differenz wie die von Carl Schmitt benannte Unterscheidung zwischen Freund und Feind. Sie ist ebenso problematisch, und es gibt gute Gründe, sie zu kritisieren. Dementsprechend appelliert grüne Politik an das Gewissen, an die Moral der Wähler, sie werden aufgefordert, ihr Verhalten zu ändern, sie sollen die Ursachen für allfällige Mißstände bei sich selbst suchen, sollen ihre eigenen Vorurteile überprüfen, und anstatt enger gegen den Feind zusammenzurücken, wird ihnen nahegelegt, Platz zu machen, sich um jene zu kümmern, die am Rande der Gesellschaft leben müssen. Derartige Forderungen haben nun bestenfalls im sozialen Nahraum der Familie oder unmittelbaren Nachbarschaft eine Chance auf Gehör, in der abstrakten und entpersönlichten Arena der Medienöffentlichkeit hingegen verhallen sie folgenlos.
An der Grundstruktur grüner Öffentlichkeitsarbeit läßt sich ein Muster studieren, das für weibliche Kommunikationsformen typisch ist und zugleich die Strukturen einer allgemeinen und entpersönlichten Öffentlichkeit angreift. Grüne Öffentlichkeitsarbeit basiert darauf, mit den Betroffenen zu sprechen, nicht über sie. Das aber schränkt den »share of voice« ein, den Anteil vom Kuchen der öffentlichen Aufmerksamkeit, den eine politische Partei erreichen

kann. Der intensive und unmittelbare Kontakt mit den Vertretern unterschiedlicher Gruppierungen schafft zwar ein dichtes Kommunikationsnetz, aber keine weitreichende Aufmerksamkeit, er sichert zwar einen genauen Einblick in die Probleme aus der Sicht der unmittelbar Betroffenen, aber er erzeugt keine Resonanz in der Allgemeinheit. Die vielfältigen Kontakte zu lokalen Initiativen, zu Selbsthilfegruppen, sozialen Bewegungen vor Ort und zu Interessenvertreterinnen von Randgruppen verdichten sich nicht zu einem Bild, das in der Öffentlichkeit als profiliertes politisches Image wahrgenommen wird. Grüne Öffentlichkeitsarbeit ist zwar sehr arbeitsintensiv und aufwendig, aber wenig effektiv. Grüne Aktivistinnen engagieren sich über die Maßen für ihre Anliegen, aber dieses Engagement übersetzt sich nicht wirkungsvoll in medienwirksame Aufmerksamkeit.

Kurzfristig hat diese Form der Öffentlichkeitsarbeit die Konsequenz, daß viele politische Anliegen der Grünen im kommunikativen Rauschen der Medienöffentlichkeit untergehen. Langfristig kann sie dazu führen, daß sich Politik nicht mehr zu verallgemeinerbaren Anliegen verdichtet, sondern in ein Patchwork von für sich zwar wichtigen, aber untereinander nicht mehr verbundenen Einzelanliegen zerfällt. Damit ließe dann die Gestaltungskraft der Politik weiter nach, der machterodierende Effekt durch eine Politik der unmittelbaren Betroffenheit würde sich ein weiteres Mal als Folge der Feminisierung – diesmal der politischen Öffentlichkeit – bestätigen.

Betrachten wir abschließend noch den dritten wichtigen Bereich der Politik, die Gestaltung der Verhältnisse innerhalb der eigenen politischen Maschine. Auch hier wird der Unterschied zwischen männlichen und weiblichen Formen deutlich. Er zeigt sich sowohl bei der Gestaltung der Binnenverhältnisse im Rahmen des unmittelbaren eigenen parlamentarischen Arbeitsumfelds als auch in der Organisation der Partei als ganzer. Die basisdemokratische Organisation der Grünen verhindert die Entwicklung hierarchischer Machtstrukturen. Das war im übrigen auch eines der expliziten Argumente für diese Form der Gestaltung der Partei. Diese organisatorischen Vorkehrungen gegen die befürchtete Herausbildung von Machtstrukturen – die sogenannte Rotationsregelung, die Trennung von Amt und Mandat – haben die Grünen in enorme Schwierigkeiten gebracht. Man kann derartige Sperren in die Organisation einer Partei einbauen, aber damit ist das Problem der Macht nicht vom Tisch. Denn auch eine basisdemokratische Organisation muß in einem Umfeld operieren, in dem Entscheidungen getroffen werden müssen. Nach dem eigenen Selbstverständnis sollen sich solche Entscheidungen auf den Konsens und die Einsicht der sogenannten Basis gründen. Die dort vertretenen Positionen sind aber oft nicht anschlußfähig an die Vorgaben der »großen« Politik.

Hier nun lassen sich wieder zwei Strategien unterscheiden. Entscheidungen lassen sich herbeiführen durch entsprechende Verfahren, bei denen Vorgaben der Basis durch ein politisches Machtzentrum gefiltert werden, so daß die letztlich zur Auswahl stehenden Alternativen mit den politischen Vorgaben dieses Machtzentrums übereinstimmen und dann in einer entsprechenden Form zur Abstimmung vorgelegt werden. Sie lassen sich aber auch in offenen und kontroversen Diskussionsprozessen gewinnen, deren Ziel es ist, alle Beteiligten von der eigenen Position zu überzeugen. Argumente pro und contra sehen in beiden Fällen ganz verschieden aus. Im einen Fall wird auf die Partei als das große Ganze und die übergreifenden Ziele verwiesen, im anderen Fall auf die demokratische Legitimität und die moralische Dringlichkeit des Anliegens. Bemißt sich die Qualität einer Position im einen Fall daran, daß sie mehrheits- und durchsetzungsfähig ist, so beruft man sich im anderen Fall darauf, daß die Position, die man vertritt, gemäß den eigenen politischen, moralischen oder sonstigen Standards richtig ist. Damit verlagert sich die Diskussion schnell auf eine andere Ebene, nämlich auf die Ebene der Angemessenheit von politischen und moralischen Standards. Dabei entstehen Probleme, für die es im Horizont solcher Diskussionskulturen keine guten Lösungen gibt. So kann man zwar die Position haben, daß eine bestimmte Politik menschenverachtend oder naturzerstörend ist, und der festen Überzeugung sein, daß diese Politik auf alle Fälle verhindert werden muß. Gleichzeitig aber ist man mit der Tatsache konfrontiert, daß es für die eigene Position keine Mehrheit gibt, daß sie von anderen für unwichtig oder unrealistisch gehalten wird.

Agiert man unter den Bedingungen eines auf Mehrheitssicherung bedachten politischen Regimes, wird man eine solche Position aufgeben oder einen weiteren Versuch zu ihrer Durchsetzung auf einen späteren Zeitpunkt verschieben. Operiert man hingegen in grünen Zusammenhängen einer eher an der Legitimität unmittelbarer Betroffenheit als an der Durchsetzbarkeit orientierten politischen Kultur, wird man das eigene Anliegen auch aus der eigentlich hoffnungslosen Position einer Minderheit heraus verfolgen und der ablehnenden Mehrheit in der eigenen Partei die Berechtigung absprechen, über die Legitimität der eigenen Überzeugungen zu urteilen. Daraus entstehen dann die für viele grüne Diskussionsrunden typischen erbitterten und ins Grundsätzliche gehenden Feindseligkeiten. Die brisante Mischung aus mangelnder organisatorischer Struktur und moralischem Rigorismus erschwert die Entwicklung konsensfähiger Standpunkte in einem überschaubaren Zeitraum. Die Auseinandersetzung zwischen den Kämpfern für die letzten Brutplätze der Rohrdommel, den Verteidigern der Menschenrechte in der Dritten Welt und den Anhängern der ökologischen Landwirtschaft findet kein Ende und blockiert die Handlungsfähigkeit.

Derartige Konflikte verhindern zudem den Aufbau stabiler und verläßlicher Mehrheiten innerhalb der Parteiorganisation. Sie gewinnen aber ihre Berechtigung durch den Verweis auf die grundsätzliche Berechtigung eines jeden einzelnen auf seine eigene Position innerhalb der Partei. Ansprüche auf Selbstverwirklichung kollidieren hier mit den Erfordernissen der Parteiräson in einer Art und Weise, die nicht nur die Entwicklung von innerparteilichen Machtpositionen erschwert, sondern auch die Entwicklung einer nach außen hin wahrnehmbaren klaren politisch-programmatischen Linie verhindert. Frauen, die stärker zu einem problemorientierten als zu einem machtorientierten Politikverständnis neigen, verweigern sich mit guten Gründen einem Kalkül, das die Sache zugunsten der Macht hintanstellt.

Im Binnenbereich der parlamentarischen Arbeit lassen sich die typischen Probleme entlang der Differenz von zwei Sozialformen beschreiben. Grüne Parlamentarier und Aktivisten können sich nicht entscheiden, ob sie ihren Arbeitszusammenhang nach dem Modell der eingeschworenen Gemeinschaft wie eine soziale Bewegung gestalten sollen oder ob sie sich bei der Arbeit der Fraktion nach konventionellem Muster eher an dem Modell einer traditionellen Organisation orientieren sollen. Das klassische Definitionskriterium für die Mitgliedschaft in einer Organisation ist die Entkopplung von persönlicher Motivation und Mitarbeit. Das heißt, wer in einer Organisation arbeitet, tut dies in er-

ster Linie, weil er dafür bezahlt wird. Er orientiert sich dabei an den von der Organisation vorgegebenen Zielen und Aufgaben. Bei Schicksals- oder Glaubensgemeinschaften findet diese Trennung von Motivation und Mitgliedschaft nicht statt. Man arbeitet dort, weil man die Anliegen auch persönlich vertritt, man beruft sich nicht auf formale Regeln, sondern entscheidet im Hinblick auf das gemeinsam geteilte Anliegen oder Ziel. Aus dieser Differenz ergeben sich gravierende Folgen für die Gestaltung des Arbeitsalltags. Fragen nach der Arbeitszeit, nach der Bezahlung, der Aufgabenverteilung, den Rechten und Pflichten, den Weisungsbefugnissen werden anders beantwortet werden, je nachdem, welchem Modell man anhängt. »Wo arbeiten wir hier eigentlich?« war (und ist) eine in professionellen grünen Politikzusammenhängen häufig gestellte Frage.
Betreibt man eine Parlamentsfraktion, bestehend aus Abgeordneten, Mitarbeitern und sonstigem Personal nach dem Modell einer Glaubensgemeinschaft, so ist man darauf angewiesen, daß alle Beteiligten ein gemeinsames Ziel verfolgen, an das sie glauben, für das sie aus persönlicher Überzeugung einstehen und dem sie alles unterordnen. Man kauft sich damit aber auch eine Form von Gleichberechtigung ein, die der Erledigung komplexer Aufgaben und der Abarbeitung großer Mengen von Routineproblemen höchst abträglich ist. Wenn gemäß der herrschenden Vorstellung alle im gleichen Boot sitzen, am gleichen Strang ziehen, dem gleichen Ziel dienen, dann gibt es keine guten Argumente dafür, daß die einen am Fotokopierer stehen oder Briefe frankieren, während die anderen Pressekonferenzen geben. Dann leuchtet es auch nicht ein, warum die Meinung des Büroboten in der Fraktionssitzung nicht mit ebensolcher Ausführlichkeit diskutiert werden sollte wie die Beschlüsse des letzten Parteitags oder die ak-

tuellen Gesetzesentwürfe. Wenn alle auf die Rolle von Mitstreitern für die gute Sache festgelegt sind, dann haben sie auch das gleiche Recht auf politisches Gehör und das Recht auf ein Veto gegen einmal gefaßte Beschlüsse. Eine derart egalitäre Struktur zwingt alle Beteiligten immer wieder dazu, in jeder Situation neu die Verhältnisse auszuhandeln. Über jeder Diskussion hängt das Damoklesschwert der politisch-moralischen Korrektheit.
In traditionellen Organisationsformen hingegen gilt: Eine Sekretärin ist eine Sekretärin ist eine Sekretärin. Ihre Aufgaben sind klar umrissen und jeder Diskussion entzogen. Erst durch den sozialen Ausschluß, der mit einer solchen Hierarchisierung einhergeht, entstehen jene inneren Zirkel der politischen Diskussion, die eine wichtige Voraussetzung für die Entwicklung strategischer Konzepte sind.
Das ist das Problem flexibler und nichthierarchischer Organisationskulturen, die einen informellen Stil des Umgangs einer formalen Organisationsstruktur vorziehen: Sie belasten sich selbst immer wieder mit Abstimmungs- und Koordinierungsaufgaben und benötigen daher wesentlich mehr Zeit, um Anstehendes abzuarbeiten. Dies ist der Punkt, an dem sich das Realitätsprinzip einer bürokratischen Umwelt Geltung verschafft, in die auch die politischen Arbeitszusammenhänge einer grünen Parlamentsfraktion eingebettet sind. Das führt dann zu erheblichen Verwerfungen, zu Frustrationen, enttäuschten Erwartungen, hochmoralischen Kontroversen und letztlich oft zu sehr konventionellen Problemlösungen. Irgendwann spitzen sich die Probleme zu, die Ansprüche auf Gleichheit, Gemeinsamkeit und Großzügigkeit des Umgangs kollidieren mit den Erfordernissen einer effektiven Organisation, und man gerät aneinander. Die einen pochen auf die hehren Prinzipien, die anderen führen die normative Kraft des

Faktischen ins Feld. Am Ende siegt dann meist die traditionelle Form, das zarte Pflänzchen alternativ-grüner Organisation verblüht unter dem Druck der Verhältnisse, und die vormals gleichberechtigten Kampfgenossen teilen sich auf in die Rollen von Arbeitgeber und Arbeitnehmer.

Spiegeln sich in solchen Prozessen eherne Gesetze? Verstricken sich hier wohlwollende Frauen in den Fängen männlicher Handlungsweisen und Verhaltensmuster? Die Geschichte und Geschichten der Grünen zeigen zwei parallele Prozesse, die einmal eher im Mikrobereich des alltäglichen politischen Geschäfts, einmal auf dem Feld der großen Politik ablaufen. Die grünen Frauen waren ein Fremdkörper im traditionellen politischen Geschäft. Sie haben dort einerseits für Veränderungen gesorgt, sie haben andere Parteien unter Druck gesetzt, Frauen in ihren Reihen sichtbar werden zu lassen. Sie haben sich andererseits angepaßt.

Wohlgemerkt geht es hier nicht um eine Bilanzierung des politischen Erfolgs der Grünen. Was uns vielmehr interessiert, ist die fatale Dialektik von Machtsicherung und Machterosion, die hier am Werke ist. Ein zentrales Motiv grüner Aktivistinnen war und ist die Kritik männlich dominierter Formen und Inhalte der Politik. Grüne Frauen verdanken ihren Erfolg zum Teil auch diesem Feindbild, das gleichsam als Projektionsfläche ihrer Anliegen dient. Was aber passiert, wenn diese Projektionsfläche verschwindet, wenn also männliche Machtstrukturen an der Oberfläche zumindest dort verschwimmen, wo sie unmittelbar bekämpft wurden? Was bleibt also von der feministisch inspirierten Kritik, wenn ihr das eigene Feindbild vor der Haustüre verlorengeht? Der Traum vom anderen Leben, von anderen Umgangsformen, von der alternativen Politik zerplatzt wie eine Seifenblase an den rauhen Klippen bana-

ler Alltagsfragen. Es wird dann ganz schnell deutlich, daß die feministische Kritik im Horizont des männlichen Denkens, das sie als Feindbild und Gegenmodell braucht, gefangen ist. Die Idee einer autonomen weiblichen Gegenwelt ist eine Fiktion, die sich nur im Spannungsverhältnis zur bösen Männlichkeit entfalten kann. Ebenso wie die Psychodynamik der starken Männer in der Verdrängung der weiblichen Anteile gründet, verdanken die Bilder einer autonomen Weiblichkeit ihre Farbigkeit dem stilisierten Gegner. Auch hier liefern uns die Grünen immer wieder treffliche Beispiele. Die Kontroverse zwischen dem in den Olymp des weltpolitischen Großtheaters abgeschwebten Außenminister Fischer und dem quotierten Bodenpersonal der grünen Parteispitze um Fragen der Organisations- und Strukturreform ist ein einschlägiges Lehrstück. Die Vorschläge des großen, geheimen, männlichen Vorsitzenden tauchen auf den Bildschirmen der grünen Frauen nicht als Vorschläge zur Organisations- und Strukturreform auf, sondern als männliche Angriffspläne auf garantierte Machtplätze, auf Machtplätzchen im wuchernden Gremiendschungel, den Fischer im Namen einer Parteireform roden wollte. Also auch hier: Frauen schlagen hörbar immer dann Alarm, wenn sich vor ihnen die Wand männlicher Bedrohung aufbaut, und sei es nur die Bedrohung der erquoteten eigenen Positionen im eigenen Parteiapparat.
Von diesem Spannungsverhältnis lebt auch der Großteil der feministischen Diskussion des Macht-Geschlecht-Konnexes. Betrachten wir also einige der hier gehandelten Argumente, die uns auch im Bereich grüner Politik begegnen, etwas näher.

Nun haben zwar die Anliegen der Frauenbewegung nach langen Kämpfen dank medialer Verbreitung auch die letzten Winkel der Gesellschaft erreicht. Abgesehen von ein paar Stammtischen und Skatrunden wird niemand mehr ernsthaft sich für die Aufrechterhaltung alter Ungleichheiten zwischen den Geschlechtern einsetzen. Der Anspruch auf Gleichheit über die Grenzen der Geschlechter hinweg ist in der sich selbst als aufgeklärt bezeichnenden Öffentlichkeit zur selbstverständlichen, allgemein geteilten Forderung geworden. Es herrscht eine zumindest diffuse Einigkeit über mehr oder weniger abstrakte Vorstellungen. Ausgrenzung entlang der Geschlechterlinien ist nicht mehr begründbar und in hohem Maße politisch inkorrekt. Wie wir gesehen haben, ist das Verhältnis von öffentlicher Rhetorik und praktischem Alltag vielschichtig und kompliziert. Einerseits kann man heute außerhalb des Vatikans nicht mehr offensichtlich gegen die real existierenden Ansätze zur Gleichberechtigung von Frauen argumentieren, ohne sich lächerlich zu machen, andererseits klafft, wie jede Regierungserklärung zeigt, eine deutliche Lücke zwischen dem Anspruch solcher Forderungen und der Wirklichkeit, wenn es um Fragen der Gleichberechtigung und des Abbaus von Benachteiligungen geht. Einerseits haben Frauen einiges erreicht, andererseits ist ihnen die Macht immer ein Stück weit voraus.

Die Forderung nach Befreiung der Frauen aus männlich verschuldeter Unmündigkeit und Unterdrückung, die Idee gleicher Rechte, Möglichkeiten und Pflichten wird im gesellschaftlichen Alltag auf eine Art und Weise umgesetzt, die Frauen nur bedingt nützt. Ist dies nur eine Frage der noch nicht in die Realität umgesetzten Forderungen, ist es ein Problem des steinigen Wegs zum Erfolg? Oder ist es nicht eher so, daß die umgesetzten Forderungen unerwartete Effekte haben, die ganz anders sind, als es die Anhängerinnen erwartet haben – die Frauenbewegung in der Rolle der Zauberlehrlinge? Führen nicht die Öffnung der Institutionen des Bildungssystems, des Arbeitsmarktes, die Verbesserung der formalen rechtlichen Position von Frauen in der Praxis dazu, daß sich die soziale Situation und die Chancen der Frauen insgesamt verschlechtern?

Die feministische Diskussion hat zu dieser Problemstellung einen festen Kanon wissenschaftlicher Spezialisierungen etabliert. Sie hat über alle einschlägigen Disziplinen hinweg einen Grad an Vielfältigkeit erreicht, der es für Außenseiter schwermacht, sich darin zu orientieren. Hier erblüht eine Debatte, die zusehends unüberschaubarer geworden ist und bei der es vor allen Dingen auch darum geht, die Gegnerinnen im eigenen Lager zu kritisieren. Die feministische Theorie hat das Schicksal aller Theorien ereilt: Sie beschäftigt sich im wesentlichen mit sich selbst, weil jede Fraktion den Anspruch auf die wirkliche, authentische Interpretation und Deutung des Themas erhebt.

Ich erinnere mich in diesem Zusammenhang an eine frauenpolitische Diskussionsveranstaltung an der Universität von Melbourne in Australien, wo ich vor ein paar Jahren arbeitete. Bei dieser Veranstaltung stritten sich Vertreterinnen verschiedener feministischer Strömungen in einer Art und Weise auf dem Podium, die unangenehme Erinnerungen an männliche Rituale weckte. Nun ist Australien als das Land der klassischen Machos ein perfekter Nährboden für die Entwicklung radikaler feministischer Positionen. Wer als Frau dort aufrechten Hauptes überleben möchte, muß eine Menge wegstecken und auch entsprechend kontern können. Das fördert natürlich eine gewisse Militanz.

Aber statt sich nun gegen den in diesem Land offen und unverblümt auftretenden männlichen Feind zu verbünden, verwendeten die Podiumsteilnehmerinnen die meiste Zeit und Energie darauf, sich gegenseitig aufs schärfste zu kritisieren. In der Reihenfolge aufsteigender Radikalität bekriegten sich bei dieser Veranstaltung Vertreterinnen folgender Positionen: liberaler Feminismus, sozialistischer Feminismus, radikaler Feminismus, lesbischer Feminismus, radikaler lesbischer Feminismus und separatistischer radikaler lesbischer Feminismus.

Die Geschichte dieser Diskussion läßt sich ohne Häme erzählen. Sie ist, vorausgesetzt, man befreit sich für einen Moment von der mit jeder dieser Positionen einhergehenden Parteilichkeit, ein Lehrstück für die Hinterlist der Vernunft. Diese führt einerseits dazu, daß sich die kritisierten Verhältnisse männlicher Dominanz in der Art der gegen sie vorgebrachten Kritik wiederfinden. Sie hat zweitens zur Folge, daß sich die Energien, die die Frauen in der Auseinandersetzung mit den Männern entfalten, neutralisieren.

In der feministischen Diskussion lassen sich drei verschiedene Richtungen unterscheiden. Es gibt sozusagen drei Vorstellungen darüber, wie die Welt beschaffen sein müßte, um nicht nur von jedermann, sondern auch von jeder Frau als gut und gerecht bezeichnet zu werden.

Die erste Position entwickelt eine Vorstellung, daß Frauen und Männer die gleichen Rechte, Pflichten und Möglichkeiten haben sollten. Nennen wir sie die Position des menschenrechtsorientierten Feminismus. Die Welt, so wie sie ist, ist gut, mit der Ausnahme, daß Frauen darin diskriminiert werden. Es ist letztlich eine Frage der konsequenten Durchsetzung der bürgerlichen Freiheitsideale und der Menschenrechte, daß auch Frauen nicht länger diskriminiert und Männern ihnen gegenüber privilegiert werden.

Die zweite Position ist weitreichender: Es gibt, so die Grundüberlegung, weibliche und männliche Denk-, Lebens- und Umgangsformen. Männer sind eher konkurrenzorientiert, egoistisch, auf den eigenen Vorteil bedacht. Frauen orientieren sich stärker an Kooperation und Ausgleich. Sie sind imstande, die Position ihres Gegenübers einzunehmen, können Perspektiven wechseln, differenzieren und besser als Männer Kompromisse schließen. Alles Überlegungen, denen man ohne weiteres zustimmen kann. Eine konsequente Feminisierung der Welt brächte, so die Überlegung, die hier wichtig ist, für alle – Männer wie Frauen – einen deutlichen Gewinn.
Die dritte Position schließlich geht von der These aus, daß Frauen an sich die besseren Menschen und daß Männer – quasi anthropologisch – Schweine sind. Die Verantwortung für das Elend der Menschheit seit ihren Anfängen, genauer: nach dem Ende des Matriarchats in mythischer Vorzeit, lastet auf den Schultern der Männer. Männer sind zudem unverbesserlich. Daher wäre es das beste, wenn man die Reproduktion der Gattung von der männlichen Beteiligung abkoppeln könnte und die Welt unter die Herrschaft der Frauen stellte.
Das sind drei grobe Stilisierungen, und zudem ist das Spektrum, das sie abdecken, nicht vollständig. Was fehlt, ist jene Position, die man als post- oder transfeministisch bezeichnen könnte und deren Kern in der Forderung nach der Anerkennung von Differenzen – auch von Geschlechterdifferenzen – besteht. Aber diese Art des Denkens ist (noch) weitgehend von rein akademischer Bedeutung. Sparen wir sie hier aus. Worum es zunächst geht, ist der politische Nährwert der verschiedenen Positionen. Es geht um die Frage: Was nützt es und wem im Angesicht der herrschenden Verhältnisse?

Die Position eines auf geschlechtsneutrale Einlösung der Menschenrechte pochenden Feminismus gibt keinen unmittelbaren Anhaltspunkt für Kritik. Niemand wird gegen die Forderung, Frauen müßten die gleichen politischen, sozialen und Menschenrechte haben wie Männer, etwas einzuwenden haben. Aber das ist wie mit der Forderung, jeder solle sich an die Gesetze halten. Natürlich wird niemand offen zum Verbrechen oder zum Verstoß gegen die Gesetze aufrufen. Und doch: Jeder verstößt bei passender Gelegenheit dagegen. Alle versuchen nach bestem Wissen (und vielleicht schlechtem Gewissen) die Vorschriften des anständigen Lebens zu umgehen. Wenn es dem eigenen Vorteil dient, nimmt man auch den Nachteil der anderen billigend in Kauf. Wenn Männer in geschlossener Runde über eine Entscheidung beraten, herrschen doch meist traditionelle Vorstellungen. Die von männlichen Professoren dominierte Berufungskommission wird bei der Bewertung weiblicher Kandidaten nicht nur geschlechtsneutrale Qualitätsmaßstäbe anlegen. Wie entsprechende Entscheidungen dann nach außen, öffentlich begründet werden, ist eine andere Sache. Hier wirkt die Differenz zwischen der Herstellung und der Darstellung von Entscheidungen, und das ist der Haken bei der Sache. In Sonntagsreden herrscht eitel Freude und Gleichberechtigung, aber die Woche über geht es nach traditionellem Muster zu. Dennoch, es besteht immer die Möglichkeit, auf die eigentlich geteilten Vorstellungen zu verweisen und die Einhaltung der Forderungen nach Gleichheit zu reklamieren. Wirkung entfaltet diese Position auf dem Forum der öffentlichen Diskussion, doch werden dort selten wichtige Entscheidungen getroffen.

Die zweite Position, die auf spezifisch weibliche Formen des Umgangs, Denkens und Handelns abstellt, läßt sich eher als ein Konkurrenzmodell begreifen. Es würde uns allen bessergehen, wenn wir uns stärker an weiblichen Werten orientierten, so die Wette, die hier angeboten wird. Soziotope der Weiblichkeit finden sich allerdings nur in verschwindend geringer Zahl und als Vorbild wirken sie meist nur bei Frauen. Zwar entdecken inzwischen auch die Veranstalter von Managementseminaren, daß sich Weiblichkeit als neue Form der Orientierung an Führungskräfte verkaufen läßt. Allerdings dürfte das Ergebnis einer derartigen Aufklärung der meist männlichen Führungskräfte selten den Vorstellungen der Autorinnen entsprechen, die dafür ursprünglich geworben haben. Im Gegenteil. Männer lernen, sich in entsprechender Runde durch Feminisierung strategische Vorteile zu sichern. Wenn ich die harten Tatsachen in weiche Formen kleide, mache ich mich unangreifbar. Die Betonung weiblicher Werte reduziert sich dann meist auf einen Jargon gefühlsbetonter Betroffenheit, hinter dem sich die traditionelle männliche Denkart versteckt. Allerdings ist der weichgespülte Macho schwerer zu attackieren als sein unpoliertes Gegenstück.

Die dritte Position erscheint oft als Blaupause des attackierten Gegners. Hier herrscht scheinbar die Identifikation mit dem Aggressor in seiner übelsten Ausprägung. Männer sind zu bekämpfen, mit allen Mitteln, an allen Fronten und in jeder Hinsicht. Erst der Sieg über den gehaßten Gegner öffnet den Weg in die glorreiche Zukunft, in der den verbleibenden männlichen Wesen bestenfalls noch die Rolle der Drohnen zukommt. Kultivieren läßt sich diese Position wie alle radikalen Ideologien nur in weitgehend realitätsresistenten Subkulturen. Ich erinnere mich an ein Graffito in Australien: »Men beware, the women's army is training.«

Die menschenrechtsorientierte Variante ist zwar die liebenswerteste, kann aber zugleich unbeabsichtigte Nebenfolgen entwickeln, da sie wichtige Unterschiede einebnet.

Die Differenz von Männern und Frauen soll in der übergreifenden Kategorie des Menschen aufgehoben werden. Für diese Position gilt, was der französische Schriftsteller Anatole France in seinem berühmten Satz über das Gesetz gesagt hat: Es verbietet in seiner unparteiischen Majestät den Armen wie den Reichen, unter den Brücken zu nächtigen.

Die herrschenden Verhältnisse sind in bezug auf das Verhältnis von Männern, Frauen und Macht ungerecht, weil die gerechten und gerechtfertigten Forderungen nach Gleichberechtigung nicht, noch nicht, eingelöst sind. Allerdings führt der Weg, wie wir gesehen haben, nur scheinbar in Richtung auf mehr Gleichberechtigung. Frauen gewinnen zwar Terrain, ihr Anteil steigt in allen möglichen gesellschaftlichen Bereichen, aber eine nennenswerte Verbesserung im Sinne einer angemessenen Beteiligung an der Macht in der Gesellschaft ist damit nicht verbunden. Votiert man im Namen eines auf gleichen Rechten basierenden Feminismus für eine Verbesserung der Situation, so geschieht das nicht im Namen der Frauen, nicht vor dem Hintergrund der Differenz der Geschlechter, sondern im Namen aller sozial Benachteiligten und im Namen einer geschlechtsneutralen oder geschlechtsblinden Vernunft. Der Ort der Auseinandersetzung und der Adressat der entsprechenden Argumente ist hier die allgemeine Öffentlichkeit, jenes fiktive Forum, auf dem sich das bessere Argument für die allgemeine Gerechtigkeit zwanglos durchsetzen soll. Dieses Forum hat seine eigenen Regeln. Man kann sich dort Zustimmung sichern, hat damit aber noch keine Garantie, daß sich die Verhältnisse vor Ort, im Alltag ändern. Öffentlich propagierte Gleichberechtigung und praktisch gehandhabte Diskriminierung existieren einträchtig nebeneinander.

Anders sieht es aus, wenn man die zweite Position vertritt und die Wette auf den Erfolg weiblich geprägter Sozialformen annimmt. Weibliches Denken und Handeln soll das Modell für eine neue Gesellschaft abgeben. Die Orte, an denen sich derart stilisierte weibliche Umgangsformen entfalten können, haben aber nach wie vor den Charakter beschützender Werkstätten. Es sind Orte, die vor dem rauhen Wind der Konkurrenz geschützt sind. Sind Frauengruppen, Frauenbuchläden, Frauenhäuser, Frauenkollektive wirklich das Modell, nach dem sich die Gesellschaft reformieren kann? Trifft der Ruf nach Feminisierung der Männerwelt auf Resonanz außerhalb der Bereiche ohnehin deklarierter Weiblichkeit, oder verhallt er nicht vielmehr im Chor der Marktschreier, die neue Lebensformen unterschiedlichster Prägung von der Stange anbieten? Soziotope der Weiblichkeit entwickeln sich dort, wo man sich von der Feminisierung funktionale (und ökonomische) Vorteile verspricht, also in jenen Bereichen, in denen die als weiblich stilisierten Fähigkeiten wie menschliche Wärme, Empathie, Geduld, Rücksicht und Kooperationsbereitschaft einen unmittelbaren Gewinn versprechen oder im Rahmen größerer Strukturen nützlich sind. Frauen stellen dementsprechend die Mehrheit des Pflegepersonals in Kliniken, Männer aber besetzen nach wie vor in den meisten Fällen die Positionen der Chefärzte. Frauen haben Erfolge vorzuweisen, aber meist nur in den sogenannten typisch weiblichen Bereichen. Die Forderung nach Feminisierung hat also durchaus Erfolg, nur nicht überall und sicherlich nicht in jenen Bereichen, in denen Männer Macht ausüben.

Es wäre in diesem Zusammenhang interessant, die allgemeine Rhetorik von der Entwicklung der sogenannten Serviceökonomie und des Übergangs in die Dienstleistungsgesellschaft mit dem verschiedentlich propagierten Trend zur

Feminisierung zu vergleichen. Vermutlich ließe sich zeigen, daß die als weiblich deklarierten Werte und Orientierungen mit den für eine Dienstleistungsgesellschaft geforderten Qualitäten der sogenannten Kundenorientierung zur Deckung gebracht werden können. Funktionale Feminisierung als ökonomische Strategie männlich dominierten Marketings wäre die Formel, mit der sich diese Entwicklung fassen ließe.

Die härteste und konsequenteste Variante im ideologischen Spektrum weiblicher Theorien des Geschlechterverhältnisses stellt der radikale Feminismus der Männerverteufelung dar. Wie so häufig schärft auch hier die Zuspitzung und Radikalität den Blick für die Verhältnisse – wenn sie auch nicht unbedingt der geeignete Ratgeber für kluge Strategien ist. Versuche einer militanten Übernahme der von Männern gehaltenen Macht durch Frauen waren bisher, soweit bekannt, nicht erfolgreich. Wer den Männern ihre Macht streitig macht, verfängt sich schnell in den Netzen der Hofnarrenstrategie. Wer sich offen und verbissen um die Macht bemüht, wird schnell an den Rand gedrängt. Richtig mag die Diagnose sein, daß Männer so lange mit einer gewissen Souveränität auf weibliche Kritik reagieren, wie diese Kritik die existierenden Machtverhältnisse nicht in Frage stellt: Man hört sich die Kritik der Frauenbeauftragten an, stimmt ihr im Prinzip zu und geht danach zur Tagesordnung über. Man wird aber nicht zulassen, daß die Frauenbeauftragte gegen den Willen der Männer ihre Position durchsetzt. Die Klage über die eigene Wirkungslosigkeit gehört zum Standardrepertoire beim Erfahrungsaustausch der Vertreterinnen aus den Gleichstellungsreferaten der öffentlichen Verwaltung. Die harte These, daß Männer Schweine und daher konsequent von allen Machtpositionen zu entfernen seien, liefert zwar eine klare und eindeutige Orientierung, aber sie hilft in der Auseinandersetzung mit ihnen nicht weiter. Dementsprechend halten sich solche Vorstellungen dauerhaft auch nur in jenen Gruppierungen, die sich gegenüber dem Rest der Welt durch hohe Zäune der Ignoranz abgeschottet haben. Der Hinweis, daß auch Männer ihre Machtpositionen durch entsprechende Bollwerke sichern, ist richtig, verkennt aber die Tatsache, daß sie dies aus der Position der Macht heraus tun, und das bedeutet, daß ihre Sichtweise als normal gilt und akzeptiert wird.

Jede der entsprechenden Positionen legt also bestimmte Handlungsstrategien nahe, und alle bergen erhebliche Probleme: Der Appell an menschenrechtsorientierte Gleichheitsforderungen verhallt weitgehend ungehört, auch wenn der lange Arm des Europäischen Gerichtshofs gelegentlich unerwartet die eine oder andere Tür für Frauen öffnet. Der Versuch, bessere, und das heißt weibliche Formen des Umgangs zu etablieren, hat Erfolg nur in jenen Bereichen, in denen die entsprechenden Orientierungen und eine feminine Kultur für die nach wie vor männlich dominierte Ordnung passend sind, und die radikale, frontale Angriffsstrategie prallt an der stabilen Souveränität männlicher Macht ab.

Sind die Frauen also selbst schuld, daß nichts vorwärtsgeht, daß sie wie die Sisyphas rackern, ohne von der Stelle zu kommen? Fehlt es ihnen an der guten Theorie, die bekanntlich, richtig angewandt, extrem praktisch sein kann? Man mag den Eindruck gewinnen, wenn man die kritischen Expertinnen aus der Position der teilnehmenden Beobachtung zu Wort kommen läßt. Katharina Rutschky schreibt in ihren Ausflügen in den real existierenden Feminismus: »Die Frauenbewegung ist die einzige K-Gruppe aus den siebziger Jahren, die überlebt hat. Sie hat überdauert, weil die Männer im Prinzip nett zu Frauen sind und schlau genug, sie als Konsumentinnen und Wählerinnen, als Mütter, Freundinnen und Ehefrauen bei Laune zu halten. Wenn die Frauenbewegung, wenn der Feminismus eine Revolution der Geschlechterverhältnisse wollte, haben sie dann je über die Absurdität nachgedacht, die im Appell an die Männer liegt, ihren schweinischen Charakter abzulegen und aus der Unterdrückerrolle in die altruistische Helferrolle zu schlüpfen?«[37] Rutschky formuliert in ihrem distanzierten Staunen über »Emma und ihre Schwestern« genau das Paradox jeder moralisch und nur moralisch votierenden Theorie der Macht. Hört zu, ihr Mächtigen, wollt ihr nicht endlich einsehen, daß wir hier unten auch mal ranwollen? Mit diesem Typus von Denken ist bekanntlich noch kein Machtverhältnis gekippt worden. Effektiver Widerstand ist mit moralischen Appellen an die Machthaber nicht möglich.

Wie aber könnte ein theoretischer Rahmen aussehen, mit dem das Verhältnis von Männern, Frauen und Macht so erfaßt wird, daß die abstrakten Überlegungen sich zu einer politischen Strategie verdichten lassen, die Aussicht auf eine erfolgreiche Überwindung der Machtasymmetrien zwischen den Geschlechtern hat? Gibt es dergleichen überhaupt, ist es nicht ein Widerspruch, auf eine theoretisch motivierte Veränderung der Praxis zu hoffen? Der Glaube, insbesondere, wenn er von vielen geteilt wird, versetzt Berge, einerseits. Der Glaube an die Macht motiviert die Männer zu bizarrsten Höchstleistungen, zu Verrenkungen und Selbstverleugnung.

Aber kann ein kritischer Alternativglaube entsprechende Erdbewegungen bewirken? Wohl kaum, wenn er nichts anderes verspricht als geschlechtsneutral Friede, Freude, Eierkuchen für alle. Gefährlich wird der Macht auch sicherlich nicht die Moral. Sie liefert ihr vielmehr die Basis, wie wir gesehen haben.

Ätzende Wirkung entfaltet hingegen die Strategie der Lächerlichkeit, die aber wiederum eine gewisse Souveränität auf seiten der Angreiferinnen voraussetzt und die nicht ohne Risiko ist. Als Strategen des Lächerlichmachens in die Geschichte eingegangen sind Figuren wie Fritz Teufel, der studentenbewegte Bürgerschreck der Bundesrepublik aus den sechziger Jahren, der als Angeklagter im Gerichtssaal sitzen blieb, als die Richter den Raum betraten. Dieses Verhalten wurde als grobe Mißachtung des Gerichts gedeutet, und man forderte ihn auf, sich von seinem Platz zu erheben. Teufel stand auf mit den Worten: »Wenn es der Wahrheitsfindung dient!« – und hatte damit nicht nur die Lacher im Publikum des Gerichtssaals auf seiner Seite, sondern auch die Rituale der Macht nachhaltig lächerlich gemacht. Nun ist die deutsche Justiz sicherlich nicht über Fritz Teufels ironische Bemerkung gestürzt, aber diese Episode zeigt dennoch, wie aus der Position des Machtlosen – und was ist machtloser als ein Angeklagter im Gerichtssaal – die herrschenden Machtverhältnisse wirkungsvoll blamiert, und das heißt auch für den Moment ein Stück weit außer Kraft gesetzt werden können.

Nimmt man diese kleine Episode als Beispiel für eine Strategie der Kritik der Macht, so läßt sich daran eines demonstrieren: Der »Trick« funktioniert hier nur, weil er sich nicht auf das Terrain begibt, auf dem die Macht agiert. Teufel stellt keine juristische Behauptung auf, er bezweifelt nicht die Ansprüche der Justiz, Recht zu sprechen. Er konfrontiert die Macht des Rechts nicht frontal. Vielmehr beugt er sich der Aufforderung und kommentiert sie mit großer Distanz. Er nimmt nicht die Rolle des Provokateurs ein, sondern die des Clowns. Er gibt damit ein Ritual der

Macht öffentlich der Lächerlichkeit preis. Er tritt aus dem Spiel heraus, das die Rollen von Angeklagtem und Richter definiert.

Ebenso müßte eine Kritik der Macht entlang der Geschlechterlinien, wenn sie erfolgreich sein will, aus dem Schema männlich versus weiblich heraustreten. Nun ist dieses Schema sozusagen semantisch aufgeladen mit allen möglichen Bedeutungen: stark versus schwach, rational versus irrational, und eben mächtig versus machtlos. Gibt es außerhalb dieses Universums der Bedeutungen und des Sinns überhaupt einen Ort, gibt es eine Art Archimedischen Punkt, von dem aus sich dieses schiefe Gleichgewicht der Geschlechter aushebeln läßt? Das Pochen auf Rechte, das Einklagen von Ansprüchen und Anteilen an der Macht im Namen einer Allgemeinheit der Vernunft oder eines universellen Kanons der Gerechtigkeit liefert diesen Punkt sicherlich nicht. Denn es bleibt seinerseits dem universalistischen Denken, der Fiktion der Verallgemeinerbarkeit verhaftet, jenem Denken also, das die kritisierte Ungleichheit hervorgebracht hat.

Genau besehen orientiert sich nicht einmal das Recht, jene Institution in unserer Gesellschaft, von der behauptet wird, sie achte nur auf allgemeine Gesetze und Regeln und richte sich nicht nach den einzelnen, sondern nach der allgemeinen Vorstellung von Gerechtigkeit, an diesen Fiktionen. Rechtsprechung ist keineswegs die Anwendung von allgemeinen Gesetzen und universell gültigen Regeln der Gerechtigkeit. Vielmehr findet im Gerichtssaal ein Abwägen statt, dessen Ergebnis davon abhängt, wie die Beteiligten sich einigen und ihre Standpunkte durchsetzen können. Wer vor Gericht sein Recht bekommen möchte und sich dabei auf eine allgemeine Norm beruft, dem kann es passieren, daß man ihm entgegnet, die Norm sei zwar gültig, aber die besonderen Umstände seines Einzelfalls würden gegen ihre Anwendung sprechen. Umgekehrt gilt das gleiche: Wer sich an das Recht wendet, um unter Berücksichtigung der besonderen Umstände des eigenen Falls eine Regelung außerhalb der Vorschrift zu erreichen, wird auf deren Allgemeingültigkeit hingewiesen, die keine Ausnahme zulasse.

Allgemeinheit, universelle Gerechtigkeit und Gleichheit sind Fiktionen, auf die man sich berufen kann, um das, was man selbst für richtig, vorteilhaft und angemessen hält, zu begründen und durchzusetzen. Die Chancen, mit der Berufung auf solch eherne Prinzipien auch Erfolg zu haben, hängen in erster Linie ab von der Macht, über die man verfügt, und die wiederum hat mit Recht, Gerechtigkeit und Gleichheit wenig zu tun.

Daher ist der Weg über moralische Argumentationen für die Frauen wenig erfolgversprechend. Aus der Position der Machtlosigkeit ist gut auf Moral pochen. Ändern wird das nichts. Wie aber kann es dann gehen? Gibt es eine Möglichkeit, die Macht folgenreich zu sabotieren?

Der Feminismus greift sie direkt an, mit Polemik oder Moral, mit Argumenten und Befunden, mit Forderungen und Pamphleten. Jede direkte Attacke aber stärkt die existierenden Machtverhältnisse. Ich glaube, daß alle Angriffe des Feminismus auf die Zitadellen der männlichen Macht letztlich nur dazu beigetragen haben, diese zu stärken. Letztlich ist auch ein gut Teil der Freiheit und Autonomie, die Frauen gegenüber den Zumutungen männlicher Dominanz erobert haben, nicht auf eine Umverteilung zwischen den Geschlechtern zurückzuführen. Vielmehr haben die Frauen ihre Freiräume oft mit den gleichen Mitteln erworben, die Männer verwenden: durch die Ausbeutung und Unterdrückung anderer.

Die polnische Perle – ein Exkurs

Die Freiheit der Frauen der Ersten Welt besteht zu einem nicht unerheblichen Teil darin, daß sie Frauen aus der Dritten Welt oder aus ärmeren Ländern ausbeuten.
Betrachten wir die typische Konstellation, aus der heraus sich Frauen politisch aktiv als bekennende und praktizierende Feministinnen präsentieren können. Wir befinden uns dann im aufgeklärten akademischen Milieu großstädtischer Prägung. Ein Paar mit zwei Kindern, beide Partner berufstätig, meist in akademischen Bereichen, beide politisch linksliberal und grün schillernd, die es geschafft haben, eine aufgeklärte und nicht repressive Form der Beziehung auf Dauer zu stellen, in der die traditionellen Rollenklischees von Frauen und Männern scheinbar aufgehoben sind. In diesen Kreisen hat sich inzwischen ein interessanter Arbeitsmarkt für Frauen aus der Dritten Welt entwickelt.
Viele der modernen Lebensgemeinschaften zwischen aufgeklärten Partnern erkaufen sich das, was nach außen hin als Gleichberechtigung, Freiheit und Autonomie erscheint, durch den Rückgriff auf illegale und billige Arbeitskraft. Die kolumbianische Putzfrau, die polnische Haushaltshilfe oder das slowakische Au-pair-Mädchen sind heute ein verbreiteter Standard im städtischen Milieu. Frauen aus dem ehemaligen Ostblock oder aus anderen ärmeren Ländern, die mit einem Touristenvisum nach Deutschland einreisen und dann oft illegal hier bleiben, bedienen die Nachfrage nach billigen Arbeitskräften in jenen Haushalten, die es sich leisten können und wollen. Oft entwickeln sich regelrechte ethnische Netzwerke. Die polnische Perle wird von einem zum anderen weiterempfohlen, und irgendwann holt sie ihre Schwester oder Schwägerin nach Deutschland,

um sie ebenfalls in diesem Markt unterzubringen. Es entwickeln sich Verhältnisse, die man als eine Art freundlichen Feudalismus bezeichnen könnte. Die Frauen arbeiten für einen geringen Lohn, steuerfrei und ohne Sozialabgaben in den Haushalten der aufgeklärten städtischen Mittelschichten. Sie haben die abstrakte Solidarität ihrer Arbeitgeberinnen, und gelegentlich bringt ihnen deren latent schlechtes Gewissen die eine oder andere Wohltat jenseits des kargen Stundenlohns ein.

Hier zeichnet sich eine Entwicklung ab, die in anderen Ländern bereits wesentlich weiter gediehen ist. In manchen Gegenden der USA, wie etwa in Kalifornien, würde vermutlich nicht nur der Dienstleistungsbereich, es würden auch viele Familien zusammenbrechen, wenn alle illegalen mexikanischen Arbeitskräfte abgezogen würden, all die Juanitas und Pedros, die den Rasen mähen, die Tacos füllen, den Haushalt, den Swimming-pool und die Kinder versorgen. Die dort beobachtbare »Unterschichtung« des legalen Arbeitsmarktes mit billigen, illegalen Arbeitskräften ist ein Trend, der auch hier voranschreitet. Diese Arbeitskräfte werden nicht nur in traditionellen Bereichen der Dienstleistungsökonomie nachgefragt, wo sie die sogenannten Mac-Jobs übernehmen, sondern auch von privaten Haushalten, die damit ihre Belastungen externalisieren. Fragen des Typs: Wer spült ab? Wer kümmert sich um die Kinder? Wer wäscht die Wäsche, räumt auf oder kocht? stellen sich nicht mehr zwischen den Partnern einer Lebensgemeinschaft, wenn man es sich leisten kann, sie auf billiges Personal abzuwälzen.

Es zeichnet sich hier eine geschlechtsspezifische Form der Segmentierung in den unteren Etagen des Arbeitsmarktes ab. Traditionell waren es mehr Männer als Frauen, die für die sogenannten Billigjobs in Frage kamen. Waren die sogenannten Gastarbeiter, die von der deutschen Industrie in den sechziger Jahren angeworben wurden, überwiegend Männer, die später bestenfalls ihre Familien nachholten, so finden wir jetzt immer mehr allein hier lebende Frauen, die über dichte, geschlechtsspezifische Netzwerke auf einen Arbeitsmarkt drängen, der durch die Veränderung der traditionellen Rollenverteilung zwischen Männern und Frauen entsteht: Putzfrauen, Kindermädchen, Haushaltshilfen, die im Graubereich zwischen Illegalität, Au-pair-Job und Saisonarbeit die Nachfrage nach typisch weiblichen Dienstleistungen befriedigen.

Natürlich geht es den meisten dieser Frauen immer noch besser als jenen, die mit falschen Papieren und falschen Versprechungen aus ärmeren Ländern nach Deutschland gebracht werden und hier dann als Prostituierte ausgebeutet werden. Es geht ihnen vermutlich auch besser als den meisten der sogenannten Katalogbräute, den Frauen aus der Dritten Welt, die sich deutsche Männer aus Thailand kommen lassen, um – meist für kurze Zeit – mit ihnen als Ehefrauen hier zu leben. Aber es zeigt sich ganz deutlich, daß jene Entwicklung, die man auf den ersten Blick für einen Abbau von ungerechtfertigten Benachteiligungen zwischen den Geschlechtern hält, sich bei näherem Hinsehen in vielen Fällen als eine Verschiebung der Lasten entlang von Geschlechterlinien, nicht über diese Linien hinweg, entpuppt.

Die neuen Leibeigenen ermöglichen den modernen Frauen den praktischen Genuß jener Freiheiten, die sie sich in der Theorie erkämpft haben. Ihnen ist es zu verdanken, daß heute immer mehr meist gut verdienende Frauen mit Souveränität die Anforderungen von Familie, Ehe und Beruf unter einen Hut bringen. Sie übernehmen die Aufgaben, die im Geschlechterkampf zur Disposition stehen: Haus-

halt und Kinder. Wo im 18. Jahrhundert Ammen aus den Dörfern herhalten mußten, die die Kinder der aufstrebenden Handwerker- und Bürgerfamilien gegen ein entsprechendes Kostgeld großzogen, damit die Ehefrauen sich ihren anderen Pflichten widmen konnten, nehmen heute Frauen aus der globalen Peripherie – und die beginnt gleich hinter der nächsten Grenze im Osten – die niederen Tätigkeiten wahr, von denen sich die aus der familiären Abhängigkeit wegstrebenden Frauen befreien wollen.
Hier treffen dann verschiedene Arten der Ungleichheit aufeinander und verstärken sich in ihren Effekten: die Ungleichheiten zwischen Männern und Frauen, zwischen Inländern und Ausländern, zwischen denen, die arbeiten dürfen, und jenen, die es nicht dürfen, zwischen Erster und Dritter Welt – sie addieren sich in der Rolle der polnischen Perle.

Kritik der Macht – Gassen und Sackgassen

Es klingt paradox. Aber jede Kritik an den existierenden Machtverhältnissen im Namen einer Kritik ihrer Rechtmäßigkeit oder Gerechtigkeit führt unter heutigen Bedingungen eher zu einer Stabilisierung dieser Verhältnisse als zu ihrer Überwindung. Lassen sich Beispiele und Szenarien der Machtkritik finden und erfinden, die erfolgreich waren oder erfolgversprechend scheinen? Gesellschaften wie die unsere leben unter anderem davon, daß sie kritisiert werden, sie leben vom Spektakel und der Inszenierung. Oder wie es der kürzlich verstorbene soziologische Theoretiker Niklas Luhmann bündig und prägnant formulierte: Gesellschaften bestehen aus Kommunikationen. Sie lassen sich als energiefressende Maschinen begreifen, als Mechanis-

men, die darauf angewiesen sind, daß ihnen Empörung und Loyalität, Kritik und Zustimmung im richtigen Mischungsverhältnis zugeführt werden.
Man hat die Machtverhältnisse, insbesondere im Feld der Politik, in verschiedenen Bildern dargestellt. Der Hirte, der seine Schafherde hütet, oder der Vater, der seine Kinder erzieht, waren typische Allegorien der politischen Macht. Für moderne Gesellschaften passen diese Bilder nicht mehr. Es geht – und das gilt wohlgemerkt nur für moderne Gesellschaften westlicher Prägung, also für »unsere« Gesellschaften – nicht mehr in erster Linie darum, das physische Überleben zu sichern, die Herde also kräftig und gesund zu erhalten. Es geht auch nicht mehr darum, die Bürger zu moralischen Subjekten zu erziehen, wie es bis vor kurzem noch die Gesellschaften des real existierenden Sozialismus versuchten. Es geht also nicht mehr um die Bereitstellung von Lebensmitteln und den Schutz vor Gefahren für Leib und Leben oder die pädagogische Durchsetzung einer Zivilreligion. Diese Art von Problemen ist entweder erfolgreich gelöst oder obsolet geworden. Niemand muß in diesen Gesellschaften verhungern oder damit rechnen, auf offener Straße in Gefahr für Leib und Leben zu geraten, und niemand wird gezwungen, sich einer herrschenden Ideologie unterzuordnen.
Der Stoffwechsel mit der Natur hat sich für moderne Gesellschaften auf die symbolische Ebene der Kommunikation verlagert. Der Rest funktioniert mehr oder weniger ohne nennenswerte Berührung von Menschenhand weiter wie in dem Film *The Quiet Earth*, in dem alles organische Leben durch eine Nuklearkatastrophe verschwindet und der einzige Überlebende noch tage- und wochenlang in der von alleine laufenden technischen Zivilisation sich bewegt. Man muß nur einmal im Supermarkt auf das Verfallsda-

tum der Lebensmittelkonserven achten, um sich ein solches Szenario halbwegs realistisch ausmalen zu können.
Was Gesellschaften dieses Typs bedroht, ist weniger der offene Widerstand, der ihnen durch ihre Kritiker entgegenschlägt, als vielmehr das nachlassende Interesse der Bürger an ihren Inszenierungen. Vor einigen Jahren tauchte im Rahmen der Friedensbewegung ein Graffito auf: »Stell dir vor, es ist Krieg, und niemand geht hin.« Darin ist nicht nur eine utopische Hoffnung der Pazifisten verborgen, sondern auch eine Strategie der Machtkritik. Man kann diesen Spruch variieren: Stell dir vor, es ist Sommerschlußverkauf, und niemand geht hin, es sind Wahlen, und niemand nimmt teil, es ist Ziehung der Lottozahlen, und niemand hat einen Tippschein abgegeben, es ist Bundesliga, und niemand geht ins Stadion, es ist Modenschau oder Automobilausstellung, und niemand nimmt Anteil, es läuft die *Tagesschau*, und nichts Berichtenswertes ist passiert. Kurz: Moderne Gesellschaften funktionieren nach dem Gesetz »The show must go on!«, und tut sie das nicht, so drohen die herrschenden Verhältnisse zusammenzubrechen. Auch die feministische Kritik an den herrschenden Machtverhältnissen läßt sich in diesem Horizont interpretieren. Der Sturm moralischer Entrüstung, den sie zu entfachen versucht, wird umgeleitet auf die Windmühlen der Talkshows und Diskussionsrunden, der inszenierten Kontroversen und Streitgespräche. Dort wird er in warme Luft verwandelt.
Bisweilen verfallen unsere Gesellschaften für kurze Zeit in eine Art Winterschlaf, der bei ihnen allerdings in den Sommer fällt. In den Medien ist dann die Rede vom Sommerloch, einer Zeit, in der nichts passiert, über das es sich lohnt zu reden, zu berichten oder sich aufzuregen. Eine Zeit, in der kein Politiker ein Problem findet, für das seine Partei

eine Lösung anbieten kann, in der sich mit Ausnahme einer frenetischen Reiselust kein Bedürfnis wecken läßt, das unbedingt durch die Produkte eines Unternehmens befriedigt werden muß, in der sich niemand um irgend etwas kümmert, für irgend etwas interessiert. Spitzen wir das Bild des Sommerlochs zu: Stellen wir uns vor, die Gesellschaft verfiele in den sommerlich mittäglichen Zustand eines kleinen Dorfes im Süden, ein einsamer Hund streunt über die Piazza, und nichts sonst rührt sich. Alle dösen entspannt vor sich hin, niemand kümmert sich um die Verlautbarungen der Obrigkeit, die Menschen sitzen wie die Rentner vor ihren Haustüren, lassen sich durch nichts und niemanden irritieren und betrachten in genüßlicher Ruhe bei einem Schwatz mit ihrem Nachbarn, wie der Tag an ihnen vorüberzieht.

Mit Hilfe solcher phantastischen Bilder lassen sich wichtige Mechanismen der Macht verdeutlichen: Macht findet unter diesen Bedingungen keinen Halt mehr, sie kann nicht entstehen, wenn man ihr sozusagen den Rücken kehrt und im Angesicht ihrer An- und Zumutungen mit den Schultern zuckt, anstatt in aufgeregte Hektik zu verfallen. Die Konkurrenzgesellschaft verschwindet, wenn niemand mehr Lust hat, mit anderen in Konkurrenz zu treten. Die Macht verblaßt, wenn niemand ihr Tribut zollt. Diogenes, der griechische Philosoph in der Tonne – heute würde man ihn vermutlich als Obdachlosen bezeichnen –, antwortete dem mächtigen Alexander, der vor ihm stand und fragte, welchen Wunsch er ihm erfüllen könne: »Geh mir aus der Sonne.«

Solche Bilder können helfen, um die offensichtlichen Beispiele, die einem beim Gedanken an Machtkämpfe in den Sinn kommen, kritisch zu durchleuchten. Normalerweise denkt man bei Machtkämpfen an Formen des massenhaften aktiven Widerstands, der Gegenbewegung, die sich zur Revolution verdichten. Aber das sind Vorstellungen aus einer vergangenen Epoche. Sie gewinnen ihren Sinn und ihre Bedeutung, wenn man sich Macht und Herrschaft irgendwie in der Form körperlicher Existenz vorstellt. Der Herrscher sitzt im Schloß und mit ihm die Macht, man muß sie nur attackieren und den Herrscher vertreiben, um selbst an die Macht zu kommen. Fälle, die dieser Logik nachgebaut sind, können wir hier außer acht lassen. Der Widerstand der Frauen gegen die Macht der Männer wird sich in dieser Form in unseren Gesellschaften nicht äußern können.

Von Interesse sind hier vielmehr jene Fälle, in denen es gelungen ist, Machtpositionen erfolgreich durch gezielte Strategien aus einer Position der Schwäche zu attackieren. Macht äußert sich im Verhalten, sie nistet jedoch in den Verhältnissen. Wie aber attackiert man Verhältnisse? Es sind nicht die Männer oder die Frauen, sondern es sind die Verhältnisse zwischen den Geschlechtern, bei denen wir unsere Suche beginnen müssen. Nichts in den Ohnmächtigen prädestiniert sie zur Ohnmacht, und nichts in den Mächtigen macht sie an sich mächtig. Diese Tatsache bildet die Grundlage vieler literarischer Verarbeitungen, angefangen vom *Hauptmann von Köpenick*, der sich dank seiner Uniform zur Autoritätsfigur aufschwingt, obwohl er eigentlich nur ein armer Schlucker ist, bis hin zu Filmen wie John Landis' *Glücksritter*, in dem Eddie Murphy als verarmter Schwarzer, der auf der Straße lebt, mit einem aufstrebenden weißen Yuppie, gespielt von Dan Akroyd, die Rollen tauscht. Der schwarze Bettler wird zum erfolgreichen Börsenmanager, sein Gegenspieler landet in der Gosse. Auch den klassischen Travestiekomödien vom Typ *Manche mögen's heiß*, wo Jack Lemmon in die Rolle einer Frau schlüpft, liegt dieses Prinzip zugrunde.

Solche literarischen oder cineastischen Verarbeitungen des Themas Macht zeigen, daß die Macht in den Zeichen sitzt, in den Insignien, daß sie nur funktioniert, solange es eine machtstabilisierende Ordnung gibt, in der man Personen wie Figuren auf einem Schachbrett verschieben kann. Ändern sich die Positionen auf diesem Brett, so ändert sich der Wert der Figur. Eine Dame im Eck kann weniger wichtig sein als ein Bauer im Zentrum einer entsprechenden Anordnung. Das heißt dann aber auch, daß eine Kritik der Macht, die an den Machtträgern ansetzt, ihr Ziel verfehlen muß. Kapriziert man sich auf mächtige Personen, wie es jene oft tun, die aus der Position der Ohnmächtigen heraus die Macht attackieren, so verfehlt man nicht nur das eigentliche Ziel. Oft führt eine derart angelegte Strategie, wenn sie endlich doch Erfolg hat, nur zu einer Verkehrung der Rollen, zu einem Austausch des Personals, nicht zu einer Veränderung der Machtverhältnisse. Es wechselt das Personal, aber die Verhältnisse bleiben intakt.

Eines der klassischen Beispiele für eine wirkungsvolle Form der praktischen Machtkritik lieferten die Dänen in der Zeit des Nationalsozialismus. Die Deutschen führten als eine der ersten administrativen Maßnahmen in Dänemark den Judenstern ein. Alle jüdischen Bürger in Dänemark waren verpflichtet, deutlich sichtbar einen gelben Stern an der Kleidung zu tragen. Diese Art der Stigmatisierung war eine perfide Form der Ausgrenzung im Alltag.

Die Dänen konterkarierten jedoch diese Maßnahme auf eine höchst effektive Art und Weise, indem sich viele von ihnen gelbe Sterne an ihre Kleidung hefteten. Damit entzogen sie der Strategie der Nazis gegen die Juden die Grundlage. Jede Form des offenen Protests gegen diese Ausgrenzung wäre sofort als gut sichtbarer Widerstand gegen die neuen Herren identifizierbar gewesen und hätte mit Gewalt niedergeschlagen werden können. Mit der Verwendung des Stigmas gelber Stern außerhalb der vorgesehenen Personengruppe jedoch wurde die Strategie der Ausgrenzung auf subtile und zugleich effektive Art unterlaufen. Diese Strategie der gezielten Verunsicherung war subtil, da sie nicht offensichtlich als Kritik an der neuen Herrschaft sichtbar war, und sie war effektiv, weil man erstens kaum feststellen konnte, welche nichtjüdischen Dänen den Stern trugen, und es damit zweitens schwierig war, gegen diejenigen vorzugehen, die sich dieser Strategie bedienten. Was hier stattfand, war ein gezieltes und sehr wirkungsvolles Spiel mit einem sozialen Realitätsprinzip, das eine wichtige Grundlage der Macht der Nazis bildete.

Dieses Realitätsprinzip entfaltet seine Wirkung, indem es Unterscheidungen einführt. Diese Unterscheidungen wiederum ermöglichen es, Menschen zum Objekt von Machtstrategien zu machen. Macht basiert im wesentlichen auf der Herrschaft über die Wirklichkeit, und wirklich ist das, was wir durch unsere Kategorien der Wahrnehmung erfahren. Brutalere Ausformungen der Macht wie physische Vernichtung und Genozid setzen auf solchen Wirklichkeitskonstruktionen auf.

Das gilt auch für die Vorstellung, die wir von uns selbst haben. Die Antworten auf die Fragen: Wer bin ich? Was soll ich tun? und Was möchte ich? sind durch und durch geprägt von einer sozial definierten Grammatik. Solche Wirklichkeitskonstruktionen können nachhaltig irritiert werden. Davon leben Zauberkünstler und Heiratsschwindler, denen es gelingt, Wirklichkeiten vorzugaukeln, die dem verbreiteten Alltagsverständnis widersprechen. Davon lebt aber auch die Politik, der es gelingt, geschickt mit Vorurteilen zu arbeiten und Menschen im Extremfall als Über- oder Untermenschen erscheinen zu lassen. Menschen handeln aufgrund ihrer Interpretationen der Wirklichkeit, und wenn es gelingt, diese Interpretationen zu formen, dann entsteht Macht. Wenn es zum Beispiel gelingt, alles Schlechte, was einem widerfährt, einer Gruppe von personifizierten Sündenböcken in die Schuhe zu schieben, dann geraten diese in eine ohnmächtige Lage. Aber Unterscheidungen, die unsere Wirklichkeit strukturieren, müssen nicht immer entlang der Linie Gut und Böse verlaufen. Sie können zum Beispiel auch dazu dienen, zwischen Starken und Schwachen, Schönen und Häßlichen zu unterscheiden, zwischen Vernünftigen und Verrückten, zwischen Dummen und Gescheiten oder zwischen Männern und Frauen. Auch lassen sich solche Kontraste kombinieren. Sie lassen sich zu Typen bündeln, mit deren Hilfe wir andere Menschen in bestimmte Kästchen einordnen. Derartige Kontraste funktionieren einmal auf einer horizontalen Ebene, dann sprechen wir von Kultur. Sie haben aber auch eine vertikale Dimension, dann nennen wir sie Herrschaft. Bürokratische Klassifikationen, wie wir sie in der Sprache der Behörden finden, sind der traditionelle Ausdruck dieser vertikalen Dimension.

Auch hier läßt sich praktische Machtkritik üben. Betrachten wir ein Beispiel aus der jüngeren Geschichte. Vor einigen Jahren erregte sich die liberale Öffentlichkeit in Deutschland über die Pläne der Bundesregierung, eine umfassende Volkszählung durchzuführen. Datenschützer und betroffene Bürger protestierten gegen diesen Plan, da sie eine Verletzung der Privatsphäre, ein Eindringen des Überwachungsstaats in die durch das Grundgesetz geschützte Intimsphäre der Bürger befürchteten. Man fürchtete sich vor dem durch umfassende Informationssammlung allmächtig werdenden Staat, der demokratisch nicht mehr kontrollierbar sei. Es bildeten sich eine Vielzahl von Bürgerinitiativen, die dagegen protestierten, und in vielen Diskussionen wurde überlegt, was man gegen diese Pläne unternehmen könnte.

Im wesentlichen standen zwei Strategien zur Debatte. Die einen wollten auf dem Rechtsweg gerichtlich gegen die Volkszählung vorgehen, um die Erhebung zu verhindern. Die anderen wollten die Kooperation einfach verweigern und die Erhebung boykottieren. Manche schlugen vor, die Erhebungsbögen nicht zurückzuschicken, andere rieten dazu, offensichtlich falsche oder sinnlose Angaben zu machen. Nun warf jede dieser Alternativen ihre je eigenen Probleme auf. Der Rechtsweg war wenig vielversprechend, da die Gerichte vermutlich nichts anderes tun würden, als ihre Entscheidungen so zu fassen, daß die Volkszählung mit entsprechenden Modifikationen durchgeführt würde – was im übrigen dann auch geschah. Die Strategie des massenhaften Boykotts würde unterm Strich durchaus brauchbare Ergebnisse produzieren, da man sehen konnte, in welchen Gegenden sich der Protest häufte. Zwar wären die Daten der Volkszählung für die politische Planung nur mehr bedingt zu brauchen gewesen, aber dafür hätte man sozusagen gratis ein umfassendes Dissidentenkataster der Republik erhalten. Das in etwa waren die Argumente, um die es in dieser Diskussion über den Volkszählungsboykott ging. Die einen glaubten an die Kraft der guten Argumente im Gerichtssaal, die anderen an die Wirkung des offenen Widerstands.

Es gab aber auch noch andere Positionen, die jedoch in der breiteren Öffentlichkeit kaum Gehör fanden. Eine davon wäre vermutlich besonders erfolgreich gewesen und kann als Beispiel dienen, an dem sich die Wirkungsweise praktischer Machtkritik studieren läßt. Einige der Kritiker der Volkszählung hatten folgendes vorgeschlagen: Man müsse die Erhebung nicht durch massenhaften Boykott, sondern durch Übererfüllung aus den Angeln heben. Das hätte bedeutet, an die Behörden flächendeckend wesentlich mehr Erhebungsbögen zurückzusenden, als von dort ursprünglich ausgegeben wurden. Dies hätte durch eine gut organisierte kleine Gruppe bewerkstelligt werden können, die aktive Beteiligung der unmittelbar und direkt betroffenen Mehrheit im Rahmen eines Massenprotests hätte sich erübrigt.

Im Gegensatz zur einfachen Boykottstrategie wäre es in diesem Fall nämlich nur sehr schwer möglich gewesen, Orte und Akteure des Protests zu lokalisieren. Wäre die Energie, die von den Bürgerinitiativen in die großangelegten Kampagnen zur Mobilisierung der Öffentlichkeit investiert wurde, in ein derartiges Projekt gesteckt worden, die vielgeschmähte Volkszählung hätte im Chaos geendet. Was wäre dazu notwendig gewesen? Man hätte die Formulare, die im Rahmen der Volkszählung an jeden Haushalt verteilt wurden, originalgetreu nachmachen und diese dann, möglichst plausibel und realistisch ausgefüllt, an die statistischen Ämter zurückleiten müssen. Zugegebenermaßen ein illegaler Akt, aber in den Bereich des Illegalen hätten auch viele andere Boykottstrategien geführt.

Diese Strategie zeigt eine gewisse Ähnlichkeit mit der Reaktion der dänischen Bevölkerung auf die Einführung des Judensterns durch die Nazis. Ein Differenzierungsmerkmal wird durch Inflationierung unbrauchbar gemacht. Man kann das Prinzip an anderen Beispielen durchspielen. Bringt man ausreichend Falschgeld in Umlauf, so kann das eine Volkswirtschaft aus dem Lot bringen. Die Strategie funktioniert aber auch im Kleinen. Gehen auf die Frage des Lehrers, wer in seiner Abwesenheit den Satz »Schule ist doof« an die Tafel geschrieben hat, die Finger aller Kinder

in der Klasse hoch, hat er mit Sicherheit ein Problem bei der Identifizierung der Missetäter.
Unter dem Namen Fake-Guerilla hat sich eine Bewegung gebildet, die mit dieser Strategie in allen Variationen systematisch operiert. Ihr Ziel besteht darin, funktionierende symbolische Ordnungen zu irritieren und die herrschende Ordnung auf diese Weise gezielt durcheinanderzubringen. Dazu bedient sie sich in strategischer Absicht der Funktionsweise ebendieser Ordnung. Eine ihrer bekanntesten Attacken war die Aktion Sonnenschein. In der Amtszeit des Postministers Schwarz-Schilling, der Anteile an einem Unternehmen besaß, das Batterien herstellte und das wegen Verletzung ökologischer Standards von Umweltschützern kritisiert wurde, tauchten an öffentlichen Briefkästen der Deutschen Bundespost offiziell wirkende Aufkleber auf: Im Rahmen einer Initiative zum Umweltschutz könne man jetzt gebrauchte Batterien über die Briefkästen der Bundespost entsorgen. Die Bürger wurden aufgefordert, ihre alten Batterien in den Schlitz des Briefkastens zu werfen, um so eine ökologisch ordnungsgemäße Entsorgung zu garantieren. Der Post bereitete diese Aktion erhebliche Probleme, die Presse berichtete darüber, und die Debatte über die Mißachtung ökologischer Standards im Unternehmen des Postministers bekam neuen Auftrieb. In einem anderen Fall wurden in Berlin Hauswurfsendungen auf dem Briefpapier der Senatsverwaltung verteilt, in denen die Bevölkerung aufgerufen wurde, sich in den Amtsräumen für Bunkerplätze im Falle eines Atomangriffs registrieren zu lassen. Derartige Plätze seien knapp und es müsse entschieden werden, wer Anrecht auf einen solchen Platz habe.
Aktionen dieses Typs haben nicht nur einen hohen Unterhaltungswert, sie sind zugleich auch strategische Angriffe auf etablierte Machtstrukturen. Sie erreichen eine große

Anzahl von Menschen, können aber von einer kleinen Gruppe geplant und durchgeführt werden. Sie attackieren die kritisierte Ordnung nicht direkt durch Argumente, sondern greifen gezielt eine Ebene an, die man als Infrastruktur der Macht bezeichnen könnte. Sie setzen nicht auf diskursive und argumentative Überzeugung oder intellektuell vermittelte Einsicht, sondern auf Überraschungseffekte und gezielte Irritation. Sie spielen mit der Differenz zwischen Sicherheit und Unsicherheit, Glaubwürdigkeit und Unglaubwürdigkeit und zielen damit auf die Differenz von Wahrheit und Unwahrheit. Sie setzen auf der einen Seite am Glauben und an den Überzeugungen derjenigen an, deren Denken, Handeln und Fühlen durch die attackierten Wahrnehmungsmuster geprägt ist. Sie entfalten ihre erodierende Wirkung andererseits, indem sie die Informationen, die mit Hilfe bestimmter Differenzierungsschemata erhoben werden, unbrauchbar machen. Für die Fake-Guerilla ist das ganze Jahr über der 1. April.

Wenden wir diese Überlegungen nun auf das Problem der Machtverhältnisse zwischen Männern und Frauen an. Welche Ansätze ergeben sich daraus für eine praktische Machtkritik? Zunächst wird man allen Strategien, die auf politische Überzeugung oder auf Konkurrenz zwischen Männern und Frauen abzielen, kritisch gegenüberstehen. Die feministische Kritik an der Macht der Männer stabilisiert diese Macht eher, als sie zu beeinträchtigen. Sodann lassen sich eine Reihe von Phänomenen, die uns begegnet sind, in einem neuen Licht interpretieren. So läßt sich etwa die Entwicklung im Bildungssystem, wo der Frauenanteil im Rahmen eines Ausbaus der öffentlich finanzierten Bildungsinstitutionen deutlich gestiegen ist, unter machtkritischen Gesichtspunkten deuten. Bildungszertifikate sind inflationiert und haben daher an Bedeutung für die Chancenverteilung in der Gesellschaft verloren. Immer dann, wenn es darum geht, sich Distinktionsmerkmale, die Männer privilegieren, anzueignen, verlieren diese ihre Bedeutung. Das gilt im Negativen wie im Positiven. Gelbe Sterne und Abiturzeugnisse verlieren ihren Wert, wenn sie allgemein verbreitet sind.

Schließlich aber eröffnen sich auch neue Perspektiven der Machtkritik, wenn man den Mechanismus der Machtgenerierung mit Hilfe von Differenzierungen durchschaut hat. Der strategische Umgang mit jenen Merkmalen, Wahrnehmungsformen, allgemein geteilten Überzeugungen und kognitiven Schematisierungen, die für die Aufrechterhaltung der Differenz von Männern und Frauen unter dem Aspekt einer ungleichen Machtverteilung von Bedeutung sind, eröffnet einen Weg, diese in Frage zu stellen.

Allerdings trifft man hier sofort auf ein sehr schwerwiegendes Problem. Die Strategien der Machtkritik, die wir am Beispiel der Aktionen der Fake-Guerilla diskutiert haben, funktionieren nur, weil sie denjenigen, die ihre Adressaten sind, nicht bekannt sind. Weder die Öffentlichkeit oder diejenigen, die man als Objekte der Macht bezeichnen könnte, noch diejenigen, die man in ihrer Funktion als Machthaber zu erreichen sucht, wissen vorab, was ihnen widerfährt. Der Modus der Kritik ist Irritation, Überraschung und Verunsicherung. Hier geht es also nicht um argumentative Aufklärung, um Überzeugung oder den Tatsachenbeweis, daß man selbst mit seiner Position recht und der andere unrecht hat. Dementsprechend ist die hier vorgeschlagene Kritikstrategie zunächst sicherlich ungewöhnlich, verstößt sie doch gegen alle die Prinzipien, die wir normalerweise für richtig und wichtig halten: gegen die Prinzipien der Öffentlichkeit, Allgemeinheit, Verständlichkeit und Nachvollziehbarkeit.

Strategisch betrachtet operiert diese Form der Kritik der Macht nicht mit Alternativen zum kritisierten Zustand. Hier werden keine besseren, humaneren oder effektiveren Formen der Gestaltung des Geschlechterverhältnisses präsentiert, es wird nicht für eine Utopie geworben, es werden keine Mehrheiten überzeugt. Worum es bestenfalls geht, ist – positiv gewendet – eine produktive Verunsicherung, negativ gewendet, Handlungsunfähigkeit und Lahmlegen des Systems, das Machtverhältnisse und Machtbeziehungen reproduziert. Der Überfall auf eine Bank oder das Verhandeln um höhere Löhne wären aus dieser Sicht eher traditionelle Formen der Attacke auf das System ökonomischer Ungleichheit, das In-Umlauf-Bringen von Falschgeld oder die Auskopplung aus dem ökonomischen Kreislauf entsprächen eher den listigeren Formen der Irritation oder Unterwanderung.

Man denke in diesem Zusammenhang an die ökonomischen Verhältnisse in der ehemaligen DDR. Nach den Maßstäben der offiziellen volkswirtschaftlichen Gesamtrechnung war das Bruttosozialprodukt in dieser Gesellschaft extrem niedrig. Die DDR war nach den standardisierten ökonomischen Maßzahlen keine erfolgreiche Volkswirtschaft. Dennoch aber fehlte es den Menschen nicht an den wesentlichen Dingen, sie lebten sogar selbst nach westlichen Standards in bezug auf die Versorgung im Alltag relativ gut. Sie hatten eine höchst effektive und gut funktionierende Untergrundökonomie etabliert. Man nahm sich etwa aus dem eigenen Betrieb Material mit, um es am Wochenende auf der Baustelle des Nachbarn zu verwenden, dem man gerade half, sein Haus zu renovieren, und dem unglücklicherweise genau jenes Material ausgegangen war, das man in der eigenen Firma produzierte. Im Tausch dafür war der Nachbar dann gerne bereit, einem während seiner Arbeitszeit privat das Auto zu reparieren, wobei er die dafür notwendigen Ersatzteile über zwei oder drei andere persönliche und informelle Kontakte im Tausch für andere Güter oder Dienstleistungen besorgen konnte. Es existierte in dieser Gesellschaft ein dichtes Netz an ökonomisch wichtigen und sehr wirksamen Verbindungen, die die Menschen in die Lage versetzten, sich mit all dem zu versorgen, was im Bereich der offiziellen Wirtschaft knapp war oder dort gar nicht angeboten wurde.

Diese Praxis läßt sich als effektive Machtkritik interpretieren. Die Menschen gingen nicht auf die Straße und protestierten für die Einführung eines marktwirtschaftlichen Systems nach westlichem Muster, um ihre wirtschaftliche Lage zu verbessern. Solche Protestformen, durch die die Macht des politischen Regimes direkt in Frage gestellt worden wäre, hätten massive Reaktionen der Sicherheitsorgane provoziert und wären sofort niedergeschlagen worden. Man operierte vielmehr geschickt unterhalb und außerhalb jener Kategorien und Ordnungsvorstellungen, die von der offiziellen Planungsbürokratie vorgegeben wurden.

Nun kann man solche Praktiken unterschiedlich bewerten. Man kann sie aus der Perspektive der Machthaber als Korruption, Diebstahl, Schlendrian oder Unterschlagung brandmarken. Aus der Sicht der wirtschaftlichen Akteure, die sich dieses Systems bedienten, handelte es sich dabei um einen listigen und kreativen Umgang mit einem mächtigen Überwachungs- und Staatsapparat, der es darauf angelegt hatte, sie nach allgemein vorgegebenen Vorschriften zu einer bestimmten Art der Produktion und des Konsums zu zwingen. In gewisser Weise läßt sich die sozialistische Wirtschaftsweise, die sich in der DDR über Jahre hinweg entwickelt hat, als ein gigantisches Unternehmen im Sinne der Fake-Guerilla interpretieren. Während man offiziell wirtschaftliche Erfolge und Produktionsrekorde vermeldete, ging die Wirtschaft immer weiter nieder. Verlautbarungen der entsprechenden Behörden bauten Potemkinsche Dörfer einer florierenden Planwirtschaft auf. Unterhalb, hinter- oder außerhalb dieser Realität aber existierte die florierende Untergrundökonomie.

Hintersinnig begründet wurde diese Praxis des untergründigen Widerstands durch kreativen Umgang mit wirtschaftlichen Gütern durch den Hinweis, daß man ja im Sozialismus lebe und es sich schließlich bei den abgezweigten Gütern um Volksvermögen handle. Das Volk aber, das seien doch alle, auch diejenigen, die die entsprechenden Waren oder die eigene Arbeitsleistung aus dem vorgesehenen Kreislauf in andere Kanäle umleiteten.

Man könnte hier einwenden, diese Strategie habe erstens nur funktioniert, weil die Mehrheit der Bevölkerung sich daran beteiligt habe, und zweitens handle es sich hier gar nicht um eine Strategie im eigentlichen Sinne, sondern vielmehr um die unbeabsichtigten Nebenfolgen einer wenig effektiven Wirtschafts- und Gesellschaftsform. Diese Einwände sind nur bedingt richtig. Sie übersehen, daß derartige Strategien auch im Kleinen funktionieren können und daß gute Strategien immer auch die Möglichkeit zur Anpassung an sich verändernde Verhältnisse vorsehen.

In diesem Sinne ist es wenig sinnvoll, hier mit einer Auflistung möglicher Ratschläge für erfolgreiche Kritik der Machtverhältnisse zwischen den Geschlechtern zu enden. Es gibt keine Checkliste, keine allgemeingültige Strategie, die nicht in dem Moment, in dem sie beschrieben wird, ihre Wirksamkeit verliert. Aber die Richtung, in der es sich zu suchen lohnt, das Terrain, das mit Phantasie nach praktischen Anknüpfungspunkten sondiert werden könnte, ist durch diese Beispiele markiert. Realistischerweise muß man anerkennen, daß im Bereich der sozialen und gesellschaftlichen Beziehungen im Großen wie im Kleinen sich mit jeder Minute und jedem strategischen Zug die Verhältnisse ändern. Jeder Plan, jede gute Absicht, es anders oder besser zu machen, ist zwar liebenswert, aber genau besehen wissen wir nur, wie wir es gerne hätten, wie wir dahin kommen können, ist eine ebenso spannende wie offene Frage. Notwendig dafür sind viel Phantasie und ein langer Atem.

Jenseits des Geschlechts – Konturen eines postfeministischen Zeitalters

Wo sind wir am Ende gelandet? Wir haben gesehen, daß die positiven Bilanzen der Frauenbewegung, die uns steigende weibliche Anteile in allen gesellschaftlichen Bereichen präsentieren, nur begrenzt Anlaß zu Optimismus geben, wenn wir die damit verbundenen Utopien als Maßstab nehmen. Denn erstens verlieren die Bereiche, in denen Frauen an Boden gewinnen, unter dem Gesichtspunkt ihres sozialen Prestiges, der vorhandenen Verdienstmöglichkeiten und des sozialen Gestaltungspotentials an gesellschaftlicher Bedeutung. Zweitens wirken kulturelle Stereotypen von Weiblichkeit nach, die es Frauen schwermachen, sich unabhängig von Männern zu behaupten. Macht scheint nach wie vor eher ein männliches Phänomen zu sein. Frauen, die eine herausragende Machtposition erobern, wirken in der Ordnung der Geschlechter irritierend. Jenseits dieser offensichtlichen Beobachtungen wurde deutlich, daß die Machtdifferenz entlang der Geschlechterlinien nur eine Ausprägung allgemeinerer Strukturen ist. Macht ist ein schillerndes Phänomen, das sich nicht auf einen – biologischen, sozialen oder kulturellen – Unterschied zwischen Männern und Frauen reduzieren läßt. Die Wege der Macht sind verschlungen. Es ist nicht das Verhalten, sondern es sind die Verhältnisse, deren Analyse den Weg zu einem Verständnis der Macht weist.

Wie aber verändern sich diese Machtverhältnisse und was folgt aus ihrem Wandel für die Gestalt der Macht und das Verhältnis zwischen den Geschlechtern? Es gibt eine Reihe von Anhaltspunkten für einen Gestaltwandel des Sozialen, den man im Rahmen unserer Überlegungen als Feminisierung der Gesellschaft bezeichnen könnte. Die steigenden Anteile von Frauen in den verschiedenen Bereichen sind nur ein äußerer Ausdruck, sie sind weniger Ursache als eine durch diesen Wandel ausgelöste und ihn zugleich fördernde Entwicklung. Auf einer tiefer liegenden Ebene, sozusagen im gesellschaftlichen Unterbewußtsein, führt dieser Wandel zu einer Auflösung von Differenzen, die der traditionellen Ordnung moderner Gesellschaften ihre Gestalt gaben. Die Differenz von Männern und Frauen, die den Blick der Frauenbewegung schärfte, ist nur eine davon. Die Tatsache, daß die politisch ambitionierte und aktive Frauenbewegung heute leerläuft und an Bedeutung verliert, ist eine Folge dieser Entwicklung. Ähnlich gelagert scheint der Fall der Gewerkschaften zu liegen. Wen oder was, wessen Interessen soll man vertreten, wenn die alte Differenz zwischen Kapital und Arbeit in den Industriegesellschaften zusehends an Bedeutung verliert? Oder die Politik: Worin unterscheiden sich die Parteien, die sich zur Wahl stellen? Den organisierten Vertretungen kollektiver Interessen kommen die Kollektive abhanden. Konkurrenzen und Kontroversen ändern damit ebenso ihre Gestalt wie die Formen der Herrschaft. Wer heute noch »im Namen von« spricht, sei es der Frauen, der Arbeiter oder der Arbeitslosen, der Rentner oder der Industrie, begeht eine ungerechtfertigte Anmaßung. Was sich beobachten läßt, ist ein Übergang von traditionsgebundenen Sozialmilieus zu einem bunten Mosaik von Individualisten, von einer ständisch geprägten Ordnung der Institutionen zu neuen sozialen Gruppierungen. Jede und jeder wird zum Schmied des eigenen Glücks oder auch Unglücks, kann sich verschiedenen Szenen, Subkulturen oder Geschmacksrichtungen zuordnen. Es wird unter diesen Bedingungen zusehends schwieriger, Geschlechter-, Produktions- oder Ausbeutungsverhältnisse für die eigene Situation verantwortlich zu machen.

Das ist in bezug auf das Verhältnis von Männern, Frauen und Macht eine ambivalente Nachricht. Einerseits zeichnet sich für die Frauen eine Befreiung aus der traditionellen Geschlechterordnung ab, die Männer privilegiert. Andererseits wächst eine geschlechtsneutrale Konkurrenzordnung heran, die alle dazu nötigt, unter Marktbedingungen um knappe Güter zu kämpfen. Hatten es Männer früher einfacher und Frauen schwerer, so haben heute beide zunehmend die gleichen Schwierigkeiten. Mit dem Abbau von Privilegien der Männer geht keineswegs eine neue Verteilung der Chancen zwischen den Geschlechtern einher, die beiden Seiten einen Gewinn bringt. Wir hatten das am Beispiel des Bildungssystems gezeigt. Der steigende Anteil von Frauen in den Universitäten führt unterm Strich zu einer Verschlechterung der späteren Chancen auf dem Arbeitsmarkt für alle Absolventen. Das läßt sich als ein klassisches Knappheitsphänomen interpretieren.

Etwas komplizierter stellt sich die Situation dar, wenn wir versuchen, über die Folgen zu spekulieren, die der Vormarsch der Frauen unter eher symbolischen Gesichtspunkten haben kann. Status und Prestige sinken, Gestaltungsmöglichkeiten schwinden, wenn Frauen auf den Plan treten. Wir hatten das an verschiedenen Beispielen gezeigt. Auch diese Entwicklung hat zwei Gesichter. Man kann sie deuten als einen wünschenswerten Abbau von Ungleichheiten: Was spricht dagegen, wenn Personen, die in männlich dominierten Bereichen auf unterschiedlichen Stufen stehen, dank des Vormarschs von Frauen einander in Augenhöhe gegenübertreten? Ist es nicht ein Gewinn an Lebensqualität und möglicherweise auch an Produktivität, wenn Menschen kooperativ miteinander umgehen, statt in hierarchische Verhältnisse von Befehl und Gehorsam eingebunden zu sein? Andererseits, wem ist unter diesen Bedingungen was zuzurechnen, wer trägt Verantwortung und Risiken bei Entscheidungen, wer trifft sie und wie werden sie getroffen? Die dunkle Rückseite dieser Entwicklung ist eine allumfassende »Responsabilisierung«: Jeder wird für alles zur Rechenschaft gezogen. Selbstverantwortung kann auch zu einer Form der Herrschaft werden.

Legt man eine lange historische Linie, so erscheint die Frauenbewegung als ein Meilenstein des Abbaus von Ungleichheiten, aber ob das anbrechende postfeministische Zeitalter den Übergang ins Reich der Freiheit markiert, ist zumindest eine offene Frage.

Anmerkungen

1 Hedda Möller, Wolf Achim Wiegand: »Frauen auf dem Vormarsch«, in: *Welt am Sonntag* Nr. 32 vom 8. August 1999, Beilage Berufe, S. BR 1
2 Markus Waitschies, Rainer Horn: »Die billigen Führungskräfte«, in: *Hamburger Abendblatt* vom 3. August 1999, S. 19
3 Harriet Rubin: *Machiavelli für Frauen.* Krüger, Frankfurt a. M. 1998, S. 62
4 »In Hamburg erobern Frauen die Führungsetagen«, in: *Die Welt* vom 3. August 1999, S. 36
5 *International Herald Tribune* vom 16. April 1999, S. 5
6 *Der Spiegel* Nr. 30 vom 26. Juli 1999, S. 208
7 Rod Usher: »Revels without a Cause«, in: *Time*, Vol. 154, No. 7, vom 16. August 1999, S. 30–35
8 Katharina Rutschky: *Emma und ihre Schwestern.* Hanser, München 1999, S. 21
9 Ebd., S. 22
10 Charles Tilly: *Durable Inequality.* University of California Press, Berkeley and Los Angeles 1998, S. 232
11 Oliver Blanc: *Liebe, Spiel und Guillotine.* Artemis & Winkler, Düsseldorf/Zürich 1998, S. 18 f.
12 Einschlägig sind hier die Beiträge in den von Angelika Wetterer herausgegebenen Sammelbänden: *Profession und Geschlecht.* Frankfurt a. M. 1992, und *Die soziale Konstruktion von Geschlecht in Professionalisierungsprozessen.* Frankfurt a. M. 1995
13 Ilse Costas: »Das Verhältnis von Profession, Professionalisierung und Geschlecht in historisch vergleichender Perspektive«, in: Wetterer 1992, S. 51–82
14 Ebd., S. 59
15 Sybille Böge: »Geschlecht, Prestige und ›horizontale‹ Segmentierungen in der juristischen Profession«, in: Wetterer 1995, S. 139–154
16 Tilly, a.a.O., S. 181 f.
17 Christine Roloff: »Professionalisierung und erzeugte Fachdistanz«, in: Wetterer 1992, S. 135
18 Nikolas Rose: »The death of the social? Refiguring the territory of government«, in: *Economy and Society*, Vol. 25, No. 3, August 1996, S. 327–356
19 http://www.whitehouse.gov/WH/EOP/First_Lady
20 Zitiert nach *Hamburger Morgenpost* vom 23. Oktober 1997

21 Vgl. hierzu die Beiträge in: The Commission for Assessing the Conservative Record (Hrsg.): *The Tory Record: An Assessment*, Jon Carpenter Publ., Charlbury 1997

22 Stichwort: »Macht, Gewalt«, in: Otto Brunner u. a. (Hrsg.): Geschichtliche Grundbegriffe, Band 3, Klett-Cotta, Stuttgart 1982, S. 817, Fußnote 3

23 Vgl. hierzu die Diskussion bei Anne Campbell: »Staying Alive: Evolution, culture and women's intrasexual aggression«, in: *Behavioral and Brain Sciences*, Vol. 22, 1999, S. 203–252

24 Steven Lukes (Hrsg.): *Power*, Basil Blackwell, Oxford 1986, S. 5

25 Friedrich Nietzsche: »Zur Genealogie der Moral«, in: *Sämtliche Werke*, hrsg. von Giorgio Colli und Mazzino Montinari, Bd. 5, de Gruyter, Berlin 1980, S. 245–412. Die Zitate von Nietzsche im folgenden Kapitel stammen alle aus diesem Beitrag.

26 Die im folgenden Kapitel verwendeten Schriften von Hannah Arendt sind ihr 1969 zunächst in Englisch erschienener Essay *Macht und Gewalt* (dt. Piper, München 1993) sowie das posthum erschienene Fragment *Was ist Politik?*, Piper, München 1993.

27 Hannah Arendt: *Macht und Gewalt*, S. 45

28 Hannah Arendt: *Was ist Politik?*, S. 9

29 Ebd., S. 99

30 Ebd., S. 100

31 Günter Dux: *Die Spur der Macht im Verhältnis der Geschlechter*, Suhrkamp, Frankfurt a. M. 1992, S. 397

32 Friedrich Nietzsche: »Jenseits von Gut und Böse«, in: *Sämtliche Werke*, Bd. 5, a. a. O. 1980, S. 97

33 Rubin, a. a. O., S.106

34 Jean-François Lyotard: *Das Patchwork der Minderheiten*, Merve, Berlin 1977, S. 53 f.

35 Hans Mayer: *Außenseiter*, Suhrkamp, Frankfurt a. M. 1975

36 Der Stand dieser Debatte ist in dem von Gertrud Nunner-Winkler herausgegebenen Band dokumentiert: *Weibliche Moral*, Campus, Frankfurt a. M. 1991

37 Rutschky, a. a. O., S. 143 f.